「意識の量」を増やせ!

齋藤孝

光文社新書

まえがき

「閉塞感《へいそくかん》」にあえいでいる人が多い。

どうも仕事がうまくいかない。大きなチャンスが巡《めぐ》ってこない。

努力しているのにどうしてなんだろう、と現状に行き詰まりを感じている人も多い。

本書で私が提案するのは、そうした「閉塞感」「行き詰まり感」を社会情勢や社会構造のせいと考えるのではなく、また自分の才能や資質の欠如と捉《とら》えるのでもなく、シンプルに「意識の量」の問題と考えて打開していく方法だ。

たとえば、仕事がうまくいかない理由にしても、いろいろ思い当たることはあるだろう。

自分の性格に不向きな業務を強《し》いられているとか、まわりに自分を評価してくれる人がいないといった不満もあるかもしれない。

あるいは、自分にはある種の資格が足りないとか、忙しすぎて時間が足りないなどの理由を挙げる人もいるだろう。

が、ああだこうだと思い煩《わずら》うのをとりあえず一回やめる。

すべては自分の「意識の量」が足りないからだと考えてみる。

すると、これまで手に負えないと思っていた人生の問題を、スッキリ解消することができるようになるはずだ。


私自身、仕事や人間関係で数多くの失敗をしてきた。そのたびに感じてきたのは、ミスの原因を作ったのも、問題がなかなか解決しないのも、多くは自分の意識の量が足りなかったからだ、ということだった。

そう気づいて以来、「失敗の経験＝意識量を増やす機会」と捉え、意識の量を増やしていくことを自分の課題としてきた。

自分の意識の量が少ないのに、大きすぎる問題を抱えこむと失敗してしまう。かといって、自分の現在の意識量に合わせたやり方をするだけでは現状を打開できない。意識の量が増えれば、チャレンジできる幅も広くなる。

この本では、「意識の量」を増やすことで、チャレンジする能力をつけ、閉塞感の壁を突き破っていくことを目標にしている。

Ⅰ章では、主に「意識の量が足りない」とはどういう状態を指すのか、具体例を挙げてイメージしてみよう。

Ⅱ章では、「仕事」と「意識」の関係を考えていく。

Ⅲ章以降で紹介するのが、意識の量を増やし、意識をコントロールしていくための具体的なメソッドだ。

Ⅲ章では、身体訓練やメモ取りを通して、意識の量を増やしていく方法、Ⅳ章では、他人とうまく意識を交換することで、人間関係をスムーズにしていく訓練方法を提案する。そしてⅤ章では、「自意識」を乗り越えていくことを考える。

Ⅵ章は、チームで仕事をするときの意識の働かせ方を、企業やリーダーたちの実践《じっせん》例を挙げて紹介する。

意識増量メソッドには、一人でできるものもあるし、会社や学校で行うグループトレーニングに最適な方法もある。自分が取り組みやすいものを見つけて、日々実践してもらいたい。

仕事だけではない。勉強だって、婚活《こんかつ》だって、いや結婚生活そのものにしたって、意識の量次第だ。

さあ、意識の量を増やして、すっきりアグレッシブに生き抜こう!

目次

Ⅰ章

社会力は「意識の量」で決まる

1　できる人は「意識の量」が多い

「頭のよさ」ってなんだろう?

近年、ソシアル・インテリジェンス(social intelligence：社会的知能、またはEQ)といわれる、社会的な頭のよさ、人間関係をうまくやっていく能力が重要とされるようになった。

インテリジェンス、頭のよさは、これまで主に知能指数やテストの点数によって測られてきた。しかし、求められる人間関係や仕事の質が変わってきたことで、知能指数で測られる頭のよさよりも、「社会の中でどうふるまえるか」がより大事にされるようになった。

社会とはどんな場で、自分はそこでどうふるまうべきかということは、学校教育の中では教えてくれない。教科書もない。

しかし、社会では、じつはそれが評価基準の中心にある。EQが低いと顧客《こきやく》を怒らせてしまったり、仲間とうまくいかなかったりし、それが当人のプレッシャーになって、鬱病《うつびょう》などの精神的な病の原因にもなっていく。
意識の量を増やすことで、このソシアル・インテリジェンスの能力を抜群《ばつぐん》に向上させることができる。

意識の量が足りないとは、どういうことか

あなたのまわりに、こんな人はいないだろうか。あるいは、あなた自身が、こんな状況に当てはまっていないだろうか。

・ミーティング中、みんな積極的に発言しているのに、一言も発言しないでぼーっとしている
・頭はいいし、よく勉強しているようではあるが、仕事となると能率が悪い
・「自分は悪くない」と主張するばかりで、反省しないし謝らない
・相手の神経を逆撫《さかな》でするようなことをサラリと言うが、相手が傷ついていること

に気づかない

・同年代同士で固まっていて、年上の人になじめない

・「これをやったら次にどうなるか」という簡単な予測ができず、ミスを繰り返す

・質問をしているのに答えない。反応が薄く、聞いているのかいないのかよくわからない

・余裕がない。傍目《はため》から見ると、そのテンパリかげんのせいで人間関係を壊したり、突然自分の仕事を放り出してしまったりするんじゃないかと心配になる

どれも、社会人としては致命的な態度・行動だ。

しかし、実際、社会人の中にもこういう例は少なからず見られる。学生たちを見ていても、「このまま社会人になってしまったら大変なんじゃないか」と危惧《きぐ》するような人がいる。

いま挙げた例は、それぞれ個別の問題であるように見えるかもしれないが、みな意識量不足が原因になっている。

自分のことにいっぱいいっぱいで、まわりの人たちや、まわりで進行していることがらに「意識」を配《くば》ることができない。自分がいま、何をするべきなのか、瞬間瞬間で意識が途絶《とだ》えてしまい、その場に合わせた適切な言動ができない。

できる人＝意識の量が多い人

リストに挙げたような態度・行動は、社会人になってさまざまな価値観をもつ人と出会い、経験を積んでくると、自然と矯正《きょうせい》されることが多い。だから、意識の量が多い人と少ない人がいる、というより、最初はみんな意識の量が少なかった、とイメージするとわかりやすいかもしれない。

つまり、場数を踏んでいくうちに、パッパッと明かりがつくように、「ここをもっと意識しなくちゃ」「他の人の言っていることのここが重要だな」といった気づきが増え、意識の絶対量が増えていくと考えたほうがいい。その量で、差が出てくる。

優れている人、仕事ができる人は、人より才能があるわけではない。

本当に才能がある人というのは一握りで、生まれつきの才能で言ったら、ほとんどの人はドングリの背比べの「普通の人たち」である。つまり、最初のスタート地点から、意識の量を増やすことができたかできないかが、成功するための鍵なのである。意識の量が多い人イコール「優《すぐ》れたビジネスマン」であると思う。「この人はできる人だな」という人は、みな意識の量が多い。

たとえば、こちらの言うことにすぐに反応し、的確《てきかく》な相槌《あいづち》を打ち、相手のことを考えた方針やアドバイスを与えてくれる人。いくつかのシミュレーションをした上で発言をしてくれる人。こういう人は仕事の進め方もスムーズで気持ちがよい。

それは彼らが意識の量を増やす訓練を重ねてきているからであり、その打ち合わせや商談の場に多くの意識量を集中させているからできるのだ。

リラックスしているように見えても、部屋中に意識の量を張《は》り巡らせ、相手の一挙手一投足から「次に自分は何ができるか」を瞬時《しゅんじ》に判断する努力をしている。

意識の量が少ないことはすぐわかる

意識の量が少ないことを、まわりはちゃんと見抜いている。

「この人、意識の量が足りないな」というのは、不思議なことに、ほとんどの人が直感する。先に掲《かか》げたリストのような行動も、本人は「たいしたことではない」と思っているかもしれないが、他者からは人物評価の重要なポイントとなっている。

「自分はあんな項目に当てはまるような問題社員じゃない」という人も、もし自分の仕事や生活に閉塞感をもっているなら、もう一度胸に手を当てて考えてみてほしい。程度の大小はあれど、「意識の量が足りていない」ことが思い当たるのではないだろうか。

資格を取るとか専門的スキルを身につけるとかいろいろ考える前に、自分の「意識の量」を増やすこと。これを肝《きも》に銘《めい》じて行動すれば、最低限の社会性をもつことができる。「困ったやつだ」という不名誉なレッテルを貼られることもないはずだ。

まずは、自分の意識量の少なさを意識すること。すべての成長はそこから始まる。

2　生きていくための「意識の量」

半径三〇センチしか感知できない人たち

最近、周囲に対して意識を配らず、自分の世界に浸《ひた》る人が目につく。

一日中誰とも言葉を交《か》わさず、テレビやネットから情報だけ得て、コンビニで食事を買ってきて、それでも暮らせてしまう。友だちとの連絡もメールで済む。他人との生身の接触の機会が減っている。

会っていても、一緒に何かをするのではなく、それぞれがだまってケータイをいじっている。そんな一〇代、二〇代が増殖中だ。

そんなふうにずっとまわりを遮断《しやだん》するクセがついていると、外に意識を向けられなくなる。「孤《こ》」の状態に慣れっこになって、感知力も反応力も錆《さ》びついてしまう。その結果、他者へ向ける意識量が極端に少なくなる。

たとえば、人から話しかけられても、すっと言葉が出てこない。挨拶《あいさつ》されても、ウッと詰まって挨拶が返せない。朝会ったら「おはよう」と声をかけるのは当たり前のことだが、それができないのはからだの反応力が錆びついているのだ。挨拶は相手との瞬間の意識のやりとりだ。挨拶なんかしたくないと思っている人はいないのだが、とっさに即応《そくおう》して言葉がのどから出せない人はいる。

最近あまり笑えていないという人がいたら、それも、世界が閉じてからだの反応力が著《いちじる》しく錆びついているせいかもしれない。そんなときは、ぜひ、積極的に笑ってみよう。単純なことかもしれないが、それだけで意識が外に向かっていく感覚を実感できる。

街中《まちなか》でも電車の中でもヘッドホンやイヤホンで耳をふさいでしまうのは、明らかに外界に対して自分の世界を閉ざした行為だ。本来耳から入ってくるはずの外界からの情報を遮断して音楽にひたるのは、自分の部屋にいるのと同じ脳とからだの状態を続けていること。快適かもしれないが、対人意識が稼働《かどう》しにくい。

生き残りの意識

やけに人とぶつかりやすくなった気がしている。

私たちが人混《ひとご》みでもぶつからずに歩けるのは、自分のからだと他の人のからだとの距離感を感知して、接触《せっしょく》しないように反応しているからだ。

ところが、この頃、普通だったらぶつからないはずなのにぶつかることがある。からだは接触しなくても、荷物が当たる。自分のからだと他者との距離を普通に推《お》し量《はか》ることができなくなっている。すなわち感覚の鈍化《どんか》が進んでいる。

一つには、歩きながらもケータイの画面から目を離さない人がいること。まわりに使うべき意識がケータイに向かっている。こういう人は、普通に人が歩いているときとは違う予期せぬ動きをするので困惑させられる。

駅の通路やホームで多いのは、コロのついたキャリーバッグが当たっても知らん顔の人だ。背後の感知力がなく、自分のバッグの先まで意識が届いていないのだ。

自分のからだの周囲三〇センチくらいしか意識が届かない——これは動物だったら生き抜いていけないことを意味している。自然界においては、自分の身に起こることをできるだけ敏感《びんかん》にいちはやく察知して対応するのが、生き延びていくための必須《ひっす》の能力だ。

人間だってもちろんそうだ。

海外旅行に行ったときのことを思い出してみてほしい。

海外では、自《おの》ずと意識の量が普段より増えている。

初めて訪れた土地では、電車やバスの表示や地名のアナウンスなどに目や耳を集中させないと迷子になってしまう。そこが治安のいい地域なのか、危険がある地域なのか、いつも意識を張り巡らせていないと、不幸な犯罪に巻き込まれかねない。パスポートやカード、現金などをなくしてしまうと面倒なことになるから、バッグの蓋《ふた》が閉まっているか、財布をちゃんと身につけているか、普段より頻繁《ひんぱん》にチェックしなくてはならない。

意識不足が自分の身の危険に直結するとき、私たちは防衛反応として、自然と意識の量を増やしている。

逆に言えば、外に意識を配れない状態は生きていくのに不可欠な能力が衰《おとろ》えていることだ。そのことをもっと認識すべきである。

危機感の発動しない人たち

知人からこんな話を聞いた。

三〇代の知り合いの女性から、婚活しているので協力してほしいというメールをもらったそうだ。

「いま、一生懸命、婚活中です。最初は友だちを増やそうと思っているんで、いい人がいたらぜひ紹介してください」

婚活なのになぜ友だちなのかと不思議に思って、こう返事をしたという。

「婚活中ですか。だったら、友だち増やそうなんて言っていたらダメですよ。もっとガンガン積極的に行かないと。具体的にはどんな人がいいですか？　希望条件を教えてください」

すると、ますます拍子抜けするような返信が来た。

「条件はとくに……誰でもいいので紹介してください」

これを見て「彼女は本当に結婚したいのだろうか」と疑問に思ってしまったという。この手の人がけっこういる。自分がいま何を望んでいて、そのためには何をすればいいかが鮮明《せんめい》になっていない。モヤ〜ッとした意識のまま見当違いのことをしている。友だちを増やすことと、結婚相手を探すことは、目的がまるっきり違う。まずそこに気づいていない。

「誰でもいい」というのも、「私は何も考えていません」と言っているようなものだ。

人生のパートナー選びをしようとしているのだから、最低限こういう人であってほしいという希望がないはずがない。不特定多数の中からいい相手を抽出《ちゅうしゅつ》するには、条件がはっきりしているほど、はずれる率も低くなる。少ない出会いで命中率を高めるためには、適切な条件設定がカギとなる。そのことにも意識が働いていない。

こんな意識の曖昧《あいまい》さ、切迫《せっぱく》感のなさでは、すご腕のお見合いおばさんのような人でもまとめられないだろう。

「本当にやりたいこと」に目を向けるべきだ。モヤ〜ッとした意識だと、「目的」と「願望」が一緒くたになってしまう。会社の中では、「やっていないけどやったつもりになっている」人などがそうだ。「このままではだめだ」と気づいて、一生懸命勉強したりはするけれど、どうも空回《からまわ》りで、「勉強のための勉強」になっている。組織ぐるみで意識がぼやけてしまうこともあって、目的は商品を売ることなのに、やたらと「会議のための会議」をしているところもある。

同時進行ができない

周知のようにいまは大学三年の段階から就活に勤《いそ》しまなくてはならないので、一年次から折りに触《ふ》れて就職に対する心構えを指導する。普段からさりげなく学生に「どんな職種を考えているの?」と質問したりもする。

「マスコミです」こんな答え方をする学生には、それは「私は何も具体的なビジョンをもっていません」と言っているようなものだと意識喚起《かんき》を促《うなが》す。マスコミといっても、テレビ局も出版社も新聞社も広告会社もある。それをひとくくりにしている時点で意識が甘い。何を考えてこういうメディアへの入社を目指しているのか、その絞り込みが早くできている人ほど、就活の戦略も具体化しやすい。

最近の学生は安定した生活を望みたがるため、公務員志望も多い。

「公務員試験、受けるんだっけな？　勉強、進んでいる？」

水を向けると、「いいえ、卒論で忙しくてあまりやってません」などと言う。

「そうか、公務員試験に合格するのと、卒論とどっちが大事だと思っているの？」

「どっちってどっちもだと思います。でも卒論やらないと、卒業できないですから」

「ふう〜ん、じゃ卒論は何枚くらい書けた？」

「えっ、まだ下書きが三分の一といったところです」

「いつになればまとまりそうなの？」

「まだわかりません」

「それじゃあ、いつまでたっても公務員試験の勉強に取り組めないよね。試験に受からないことには、公務員の仕事に就《つ》けないんだよ。ほかに就活しているわけでもないんだろう？　だったら、いまはとにかく公務員試験に受かることを目標に勉強に全力を注いで、試験が終わってから一気《いっき》呵成《かせい》に卒論に取り組めばいいんじゃないかな」

「はあ……」

わかったのかわからないのか、気のない返事をされる。

他人事《ひとごと》ではないんだよ、就職はきみ自身の問題だよ、と心配になるが、当の本人は危機感が発動していないので、のほほんとしている。

卒論は卒論、就活は就活、大学の授業は授業と、やらなくてはいけないことを同時に並行《へいこう》させて進める意識をもたなければいけない。とりあえず自分が一番気にかかっていることだけに逃げ込んでしまうことがあるが、えてしてそれは、客観的に見て一番重要なことではなかったりする。

この学生も、「目的」意識が弱い。いまやるべき目標を絞り込めないということは、何もしていないことと同じなのに、「就職活動も、卒論も、公務員試験も、自分にはやるべきことがたくさんある」だけでそこにきちんと優先順位をつけることができずにいる。

やっている「つもり」なのと、「できている」のはまったく違う。同時に複数のことを進めるためには、まず優先順位をつけて意識を整理する必要があることに気がついていない。

なにかと面倒くさがる人たち

よく「面倒くさい」と言う人がいる。

この「面倒くさい」という感覚は、意識の量を増やすことを阻止《そし》する魔物だと思う。

私もかなりものぐさなほうだが、有意義だと思われることに対しては動くことを惜《お》しまない。時間も、そのために必要となる金も、それなりにかける。初期投資だと思っているからだ。

まず、本。学生時代も、職のあてのない研究者時代も、本を買うことを惜しんだことはない。

当時はネットで検索するとか、古本も注文して送ってもらうことなどできなかったので、たくさん古本屋を歩いた。そうすると、この本屋はこの分野に強いという傾向がわかってきて、「ああ、この本だったら、あそこかあそこに行けばありそうだな」と目星がつけられるようになる。頭の中に専門古書店マップが描ける。これはいまもって私の財産の一つだ。

展覧会などもできるだけ足を運ぶ。図録を眺めるのも好きだが、どんなに印刷技術が精巧《せいこう》でも、現物の絵の迫力は再生できない。生でその絵を見ておくことは、自分の体験として血肉になる。

ところが、いまの学生は自分の経験、自己練磨《れんま》のために投資をしない。

大学で、「次回はこれをテキストにするから買ってくるように」と古典の文庫などを指示しておいても、図書館で借りてきたりする。その日の授業が乗り切れればいい、という感覚だ。

座右《ざゆう》の書というのは、自分の本棚の片隅《かたすみ》につねに背を見せているからさっと手に取れるのであって、ふっとまた読んでみようという気になったときに手元になければ座右の書にはならない。どの本が自分を支えてくれるものになるかというのは、けっこう年月が経《た》ってみないとわからない。座右の一冊になる可能性の高い本を手元に置く機会をあえて設けてやっているのに、それすら買わないということが私には理解ができない。

このような意識を「意識化」するのに無自覚なままで生きている人は、成長するための大きなチャンスを失い続けることになると思う。危機感をもってほしい。

意識を増やしてスッキリ生きる

意識の量を増やすことは、ストレス軽減のための特効薬だと言ってもいいだろう。要求されるものごとが加速度的に増えている現代社会では、自分のことを冷静に客観視することができないと、ストレスに押しつぶされてしまいがちである。また、自分のことが正当に評価されないなどの不満もたまっていく。

しかし、意識の量を増やして他人への配慮《はいりょ》ができるようになると、自己客観性もついてくる。そのことによって、自分の中で負の思考回路をぐるぐると巡ってしまうことがなくなる。要するに、つまらないことで悩むことが減る。

気分をスッキリさせて、大事なことは何かをシンプルに考えられるようになる。結果として気分のムラがなく、「仕事ができる人」に変身できるというわけだ。

意識の量を増やすとは、個性や能力を自分勝手に増強《ぞうきょう》することではない。求められていることを的確に理解し、自分の役割の中で最大限に力を発揮できる人。

社会の一員として、まっとうに力強く生きていける人。

そんな「できる人」になるために必要なのが、意識の量を十分にもっていること、なのである。

意識の量は、社会力だ。

仕事がうまくいかない行き詰まり感も、人間関係の悩みも、自分ひとりで悩んでいたら解決しない。意識がぼんやりしたまま、あるいは閉じたまま上達しようとしても、空回りになってしまう。

まわりの状況や、まわりの人のこと、社会の中での自分をはっきり「意識」して取り組むことで、はじめて仕事は「うまく」なる。意識が多いな、と思ってもらうことで、まわりから認められるようにもなっていく。

目の前にある上達のチャンスを逃さないために、自分をつねに成長させていくために、意識の量を増やすことを提案したい。

Ⅱ章

仕事をするとはどういうことか

1　就活から「働く」を考える

働くことと意識の量

意識の量がもっとも求められるのが「働く」場においてである。

働く場においては、価値観も世代もまったく異なった人たちが、利益を生みだすという目的のために集まって交渉したり、グループで協力して業務に当たったりする。

アーティストのような才能がものをいう専門職であれば、それほど他人と関わらずとも、黙々《もくもく》と自分の世界を追求していくことが許されるように思えるが、芸術家であっても、じつは画商や顧客などに対して意識を働かせないとやってはいけない。

ましてや普通の仕事ならば、他人に、そして刻々《こくこく》と移り変わる状況に意識を張り巡らせることがいっそう必要とされる。

面接で見ているところ

就職の面接試験で見られているのも、意識の量だ。

よく、企業が一番見ているのは「人柄《ひとがら》」だと言うが、はたして本当にそうだろうか。そもそも人柄に大きく問題のある人は、就職してせっせと通勤して働こうとはしない。「人柄に難あり」としてはじかれる人なんてそうそういるわけがない。みな、人柄はそれなりにいいのである。

むしろ大事なのは、組織の一員としてまっとうに機能する人材であるかどうかだ。気立てがよくて優しい、温厚《おんこう》で人はいいけれど、意識が回らなくて仕事に支障《ししょう》をきたす人が、少なからずいる。一緒に仕事をしていてちょっとトンチンカンなことをしでかす人のほとんどは、「根はいいやつなんだけど、どうもね……」という人なのだ。

人柄がいいのと、使える人材であることはまったく別だ。

企業の採用担当者がそこをわかっていないわけがない。

「気立てはいいが、意識がボーッとしていてポカが多そうな人」と「性格はよくわからないが、いろいろなことに意識の線が張れている人」とがいたら、多くの会社は後者を採《と》るだろう。意識が配れれば、性格的なデメリットも意識でカバーすることができる。

そもそも人柄と思われているもののかなりの部分が、気配りできる意識のことだ。意識の量が多ければ、まわりも見え、人柄もよいという印象を与える。

かつてのような終身雇用の時代には、少しボンヤリしている人にもその人のよさがあると見なされていて、周囲が温かくフォローした。縁《えん》あって社員になったのだからと、時間をかけて育ててくれた。ところが、いまや企業の側にもそれだけの懐《ふところ》の深さがない。ボーッとした人の意識を鍛《きた》えてやろうというゆとりある姿勢ではなくなってしまった。会社には育ててもらえない時代である。

意識の量が多い少ないは、一瞬にして見抜かれてしまうと先に書いた。実際に企業で面接をしている人に聞くと、やはり「第一印象」がとても重要で、部屋に入ってきた時点で、直感的に受けるこの人はいいな、という印象は、ほぼ間違いがないという。

意識の量を増やす「技術」で、第一印象が大きく変わってくる。「こいつは意識の量が多いな」と思ってもらうためには、コツがある。

想像力

企業面接に行ってきた学生たちに話を聞いていると、たいていが「まったく想定していなかったことを訊《き》かれて、ドギマギしてしまった」という感想を漏《も》らす。

企業も有用な人材を採りたい。どこかのマニュアル本に出ていたような質問をして、聞いたことのあるような答えばかりされても面接する意味がない。

答えに窮《きゅう》する質問、意図の見えない質問をするのは、不測《ふそく》の事態にどう対処できるか、どのぐらいの意識の幅があるか、その感知力と対応力を見ているのだ。これはよく「柔軟《じゅうなん》性を見る」と言うのと同じことだ。

マイクロソフト社の面接問題が紹介されている『ビル・ゲイツの面接試験――富士山をどう動かしますか？』（ウィリアム・パウンドストーン著　松浦俊輔訳　青土社）という本がある。たとえばこんな質問をするらしい。

・「楽しみは何ですか」

・「職場の同僚が不正なことをしているのを見たら、それを上司に言いますか」
・「一度に何件くらいの案件を処理できますか」
・「仕事を手早く片付けるのと、完全に仕上げるのと、どちらが大事ですか」

これらの質問には唯一の正解というものはない。いや、模範解答は無数にある。そしてダメな解答も無数にある。

その人がどういう判断をするかもおもしろいが、その理由としてどう考えたからというところも興味深い。まさに応募者の意識のありようが見られている。

これらの質問に対していい答えをするには、意識の量の他にも「地頭力《じあたまりょく》」ともいうべき「考える力」が必要ではあるが、少なくとも、ぎょっとするような質問を受けたとき、どこまで冷静に受け答えができるか、そこは意識の量が左右する。

意識の量が多い人は、普段から「日常には複数の不測の事態が起こるかもしれない」とわかっていて、直近の未来を予測しながら現在の行動を決めている。意識の量が少ないと、「いま現在」にしか意識が向けられないし、決まりきった答えを暗記することしかできない。

私のゼミの学生で、難関の教員採用試験にパスした者がいた。彼は面接官が三人いるうち、一人がわざわざ厳しい質問をする役割であることに気づいた。他のふたりはにこやかなのだが、その一人の質問はわざと「圧迫」を与えて、対応力を見ようとしていることに気づいたという。

そのとき彼は決して焦《あせ》らず、「この人も疲れる役割を与えられて大変だな」と思ったそうだ。そこで、怖がったり気色《けしき》ばんだりすることなく、「この人にちゃんと答えてあげよう」と余裕をもって受け答えをしたという。

成績の優秀さでいえば、他にも互角の力をもった人はいたはずだ。何がいちばんの決め手になったかと言えば、面接官の心情を慮《おもんぱか》るという、そこまでの意識の広がりをもっていたことだろう。彼が難関を突破できたことが納得できる。

学生と企業、意識のギャップ

学生が就活で大事だと思っていることと、企業が学生に求めているものとのあいだには、けっこうギャップがある。

よくある質問だが、これまでにどんなアルバイトをしていたかとか、クラブやサークル活動で何をやっていたかと問われる。そこで学生は、いかに自分が一生懸命それに取り組んだかを話そうとするが、企業側が知りたいのは「何を」してきたかではなくて、そういった経験を通じて、自分は「どんな意識が開かれたのか」であり、そこで得たことを今後「どのように活かせるか」だ。

「運動部のキャプテンをやっていたから、リーダーシップがあります」と学生はよく言う。でも、運動部でキャプテンを務めた人など、毎年山ほどいる。だいたい新入社員にやたらとリーダーシップを発揮しようとされても困る。それは企業にとっては少しも魅力的な話ではない。

だが、こう答えたらどうか。

「僕たちは、初めはまったくチームワークがよくなかったんです。でも、かくかくしかじかのやり方をしたら、みんなが結束し、その結果、勝利を得ることができました。その経験から、チーム一人ひとりの役割の重要性を学んだので、仕事をしていくうえでもチーム意識をもって臨みたいと思います」

こんな話をすれば、意識が外に開いていて協調性とかモチベーションの上げ方がわかっているんだな、と受けとめてもらいやすい。

過去の経験を将来にどうつなげていけるか、それに対してどういう意識をもっているかを企業は知りたいのだ。

以前は運動部に所属していたと言うと、それだったら粘《ねば》り強くてがんばりが利《き》くだろうと見られていた。ところが、その神話もいまは崩れつつある。運動部でハードなトレーニングに耐えたという人が、いとも簡単に仕事を放り出してしまうケースを私も見てきた。これでは過去の経験がまったく活きていない。

いま、企業で必要としているのは、どうしたらいいかを自分の頭で考えてアイディアを出したり、判断したりできる対応力、柔軟性だ。一人ひとりがたくさんのジョブを抱える中で、パンクしないで、さまざまなことを考え合わせて調整しながら進められる人。その素養《そよう》を蓄《たくわ》えてきている人間だ。

内定が出る人は、何社からも出る。うまくいかない学生は、「こんなに努力しているのにどうして企業は採ってくれないのか」と言うが、それは相手のものさしで量った基準値に達していないのである。

大学受験も、就職も、結婚も、すべて相手のあることだ。先方が「この人が欲しい」と考えている合格圏内に入れなければダメだ。大学受験の場合は、大方、学力で決まる。結婚の場合は相性だろう。就職は意識の量なのだ。

2　サービスという気配り、目配り

クライアントのための仕事

現代の仕事の多くが、対クライアント（顧客）を意識する必要のあるものになった。クライアントのリクエストを丁寧に聞き取り、それに細かく応えていくことで、次の仕事につながる。

ただモノの生産性だけを上げればいいのではなく、顧客への細《こま》やかなカウンセリングや企業コンプライアンスへの取り組みなど、どんな場でも、「お客さまのためにサービスしていますよ」とアピールすることが、とても大切になってきている。

「意識の量を増やす」とは、「求められる人になる」と同義である。現代の仕事において「求められる人」とは、多くがサービス上手のことを指している。

つい買いたくなる間合い

新幹線に乗っていて車内販売の人が回ってくる。読んでいる本から目を上げてふっとその人のほうを見たときに、すっと目が合って「なにか、いかがですか?」と言っているかのような柔《やわ》らかい表情を向けられると、私は「じゃあ、コーヒーお願いします」と言ってしまう。それほどコーヒーが飲みたいわけでなくても、その間合いのよさに呼応《こおう》して、この人の売り上げに協力したいという気になる。

逆に、コーヒーが飲みたいなあと思っていて、売りに来た人に軽く手を上げて合図をするが、気がつかずに通りすぎてしまうようなこともある。もう一度大きな声で呼べば振り返るのだろうが、なんとなく買う気が萎《な》えて「もういいや」となってしまう。

車内販売など、ただワゴンを引いて車内を巡回するだけだし、うまいもヘタもないと思うかもしれない。しかし実際は、人によって売り上げに大きな差が出る。

意識を乗客の一人ひとりに張り巡らせている販売員は、「この人はコーヒーが飲みたいのかも」と超能力のように察知できるわけではない。意識を張っているから、客がチラリとでも自分のほうを見るのを見逃さないのだ。それは客が「買おうかな、でもやめようかな」と迷っているサインだ。
「どうしても欲しい」と思っていない人を買う気にさせるのが、カリスマ販売員のアイ・コンタクトの技術である。

意識の線の張り巡らし方がうまい人は、サービス上手である。

世の中で通常「あの人は気が利くね」とか「気働きができる人だ」と言われるのは、この対外的な意識の線の張り巡らし方、意識量の多さを指しているように思う。そして私たちは、不思議なことに、名前も知らない初対面の人、一瞬関わり合っただけの相手であっても、その人の意識の量を身体的になんとなく感じ取ってしまう。

飲食店でも、ウエイターやウエイトレスの人が何人か立ち働いている中で、自然と反応のよさそうな人を目で追って声をかけている。店内の様子、お客さんの様子を視野に入れて動いている人のほうが、ボーッとして意識が朦朧《もうろう》としていそうな人よりも、オーダーに間違いが生じなさそうな気がする。話していて感じがいいということもポイントの一つになる。どうせなら対応のいい、感じのいい人に頼みたい。

アルバイトやパートの人の場合、意識を張り巡らして働いていていてもいなくても、時給に直接はねかえるわけではないだろうが、意識量が多いか少ないかでその人の将来性がわかる気がする。正社員にしたくなるタイプか、そうでないか。もしお客さんにアンケートをとったら、結果は歴然とすることだろう。

レジの行列は長いところに並べ

レジに並んでいると、いろいろな人の意識の動きが窺《うかが》えておもしろい。

大型店のレジの場合、行列を一本化して、レジが空《あ》いたところから順番にお客さんを入れていくような効率的なシステムにしているところもあるが、そうではなくて、それぞれのレジに並ぶような場合、どこのレジが早そうか、どの列に並んだらいいか。

まず、レジの人の作業がテキパキしていて迅速《じんそく》かどうか、これが大事だ。同時に、どこまで細やかな意識を配れるか、不快になることがないかも判断材料になる。前のほうの様子を見ていて、やけにモタモタと手間取っているとか、ものの扱い方が雑《ざつ》でイヤだと感じたら、別のレジに並び替えることもある。

とくにスーパーなどの場合、水分の多い食品もあれば、軟らかくて形が崩れやすいものも、ビンもある。水が出そうなものはポリ袋に入れ、軟らかいものはそっともって一番上に乗せ、ビンには緩衝材《かんしようざい》を巻いてくれる人と、そのあたりの意識がまるっきりない人では、心証が大きく違う。

あえて行列が長いレジに並ぶのが正解の場合もある。

たとえば店員の処理スピードが遅くて列が伸びてしまった場合、フロア責任者の意識が細やかで目が行き届いていれば、すぐにサポートの人を入れて、お客さんを待たせる時間を短くする工夫をする。一番行列の長いところに人が投入されるから、結果としてその列がとても早くなったりするのだ。

対応が遅いわけではないのに、なぜかそこだけ列ができている、ということもある。

あるカフェで、他のレジは空《す》いているのに、なぜかあるレジにだけ人が並んでいる。私もそのレジの人から買ってみて、なるほどと思った。とても感じがいいのである。「また来よう」という気になる。多くの人が「この人に頼みたい」と思ってそこに並ぶのだ。

チェーン店のアルバイトであろうと、商品でなく人に顧客がつくようになったら、その人は一人前だ。

私は、仕事の基本はここにあると思う。

すべての仕事がサービス業化する今日、販売業だけでなく、農業も、製造業も、教職も、どの職業でも同じだ。次に一緒に仕事をしたいと思わせる人か、そうでないか。どんなビジネスを成功させるにも重要なことだ。

飲み会の幹事を任されやすい人

飲み会の幹事というのも、まさに「サービス」だろう。店のセレクト、みんなへの連絡、会費集め、予算内での料理のオーダー、会の進行などなど、意識を巡らせなければならないことがたくさんある。

普通なら、呼ばれた場所に指定の時間に出向き、好き勝手に飲み食いしていればいいものを、「頼まれた」というだけでたくさんの雑用を任せられる。幹事役には報酬が支払われるわけではないのだから、まさにサービスだ。

「学生時代から、飲み会幹事が僕のところにばっかり回ってくる。幹事やってると、のんきに酔っ払ったりできないでしょう。損《そん》な役回りです」

そんな人も多いかもしれない。

しかし、その面倒な役目を任されやすいということは、周囲から意識量の多さが認められていると考えて誇《ほこ》っていい。

先日、大学生に「大人になるステップを踏んだと自分で思う経験はなにか？」と聞いたところ、「幹事をやったこと」という答えがあった。他の学生も拍手して同意していた。

意識の量が少ない人は、段取りを組むことが苦手だ。詰めが甘い。何か抜けが起こりやすい。そういう面での信頼が得られていない人には、誰も幹事を頼みたくない。これまで幹事のような役割が自分には回ってきたことがないという人は、そういうことだとわきまえなければならない。

実のところ、よく任される人の気持ちの中には、「自分ならそつなくやれる」という多少の自負《じふ》があるのではないかと思う。それが責任感にもつながって、みんなの期待に応えるべく、首尾よく役目をまっとうする。店の選択や段取りなどもコツをつかんできて、「やっぱりおまえに任せていると安心だよ」などと言われ、みんなに喜ばれる。それゆえ次回もお鉢《はち》が回ってくる。

幹事経験者は、好むと好まざるとにかかわらずこうしてどんどん経験知を積み重ね、ノウハウを蓄え、「名幹事」になっていくという流れだ。

このプロセスは、そっくりそのまま上達のメカニズムなのである。

意識を巡らして気働きのできる人には自然とさらなる上達の機会が与えられ、その腕が向上する。会社の飲み会でその高い幹事能力が発揮されれば、上司の目にも留まるだろう。場の運営力がある人は、リーダー的存在になれる。みんなを束ねていく立場になることができる。

組織をうまく牽引《けんいん》していくのに有用なのは、意識の量が多い名幹事タイプである。

幹事がうまくできることは、長い目で見ると強みになる。

3　「感知力」と「対応力」

自力で飛ぶ力をもつために

八〇年代のベストセラーにして近年再ブレイクした『思考の整理学』（ちくま文庫）の中で外山滋比古《とやましげひこ》さんは、学校がグライダー訓練所のようになってしまったと言われていた。何かの動力によって離陸させてもらい、風の力で滑空《かっくう》させてもらうグライダー型の能力はとても受け身だ。グライダー能力が優れていても、飛行機のように自力で飛べるわけではない。自分で飛翔する飛行機型の力をもたなければならない、という提言だった。

サービス上手になれ、ということと自力で飛ぶということとは一見別物のようだが、じつは外山さんの提唱する勉強のあり方、能力のもち方と同じことを言っている。

勉強というのは知識を詰め込むことが本来の目的ではなく、思考する力をつけるためのものである。

たとえば、数学の微分《びぶん》方程式が解けなくたっていいじゃないか、社会に出て数学の問題を解かなくてはいけないような場面は出てこないのだから、と思うかもしれない。しかし、大事なのは問題の正解を出せることではなく、どういうプロセスで物事を考えていくべきかを学ぶことだ。数学の証明問題で途中の式が重視されるのは、それを見れば、その人がどういう思考経路をたどったかがわかるからである。

勉強の目的は、社会でさまざまな課題に遭遇《そうぐう》したとき、その事態をどう判断して、どういうプロセスで、どうやって解決したらいいかの判断に応用させていくためだ。だから、勉強ができるといっても、それを現実社会で多岐に応用していけなければ、本来は本末転倒《ほんまつてんとう》なのだ。

福島原子力発電所の事故を見ていて多くの人が疑問に思ったのは、原子力を扱うような高度に優れた頭脳をもった人たちが集まっているのに、なぜ事故後の対応では素人でもおかしいと思うような判断がなされてしまったのか、という点だった。

大地震が起きてしまったこと、津波が来てしまったことは仕方がない。しかし、そこからどうしたらいいか、「いま何のために何をやったらいいか」の最短・最適ルートを考えていたのか。豊富な知識や過去の経験が、現実に対応するための意識として活かせていたのか。

「想定外、想定外」という言葉が繰り返されたのは、想像を超えていたのではなく、想像することを滞《とどこお》らせていたからではないのか。自力で思考することを止めて、いわばそんなことも起こりうるという可能性に対する思考回路を閉じてしまっていたのではないのか。

外山滋比古さんが『思考の整理学』の元本を書かれたのは一九八三年だった。四半世紀を過ぎた現代、学んだ知識を自分たちが飛ぶための動力として活かすこと、自力で飛翔できる人、自分で思考できる人が、ますます求められるようになっている。

お茶出し名人は仕事もうまい

自分で飛ぶ力を身につけたいなら、手ごろに練習できる仕事がある。

お茶出しである。

人が来たらお茶を出すというのは日本人としては基本的なことで、まあ、大体の人は気がつくだろう。だが、気づけばいいというものではない。「来客＝お茶出し」と条件反射のようにインプットされているだけの人は、外山さんの比喩《ひゆ》でいえばグライダー的だ。

「夏の暑い中を来てくれたから、きっとのどが渇《かわ》いているだろう」と考えて冷たい飲み物を供《きょう》し、「今日は季節のわりに肌寒いから、温かいものがいいだろう」と考えてお茶を出す、そんなことを臨機応変に考え、反応できる人は、飛行機的だ。

これを極めれば、利休《りきゅう》の茶道となる。

上司や先輩に頼まれてお茶をもっていくことになったとき、その場に入ってまず誰からお茶をお出しするのがいいのか。これも意識の張り巡らし方だ。すわっている席の位置関係から判断する手もあれば、その場の会話の様子から上下関係を察する手もある。

会議の場合なら、いまはお茶がどうこうという雰囲気ではない緊迫《きんぱく》したときもある。逆に場の空気が膠着《こうちゃく》して、ちょっとコーヒーの一杯でも飲んでブレイクしたほうがいいときもある。

相手のことを慮って、適切なタイミングでさっと適温のお茶を出す。緊迫しているときはお茶をもってそっと退席する。

そういったタイミングも併《あわ》せて絶妙なお茶の出し方ができる人は、意識の線が緻密《ちみつ》に張り巡らされている。だから実務レベルでの仕事もできる。新たな仕事にどう対処したらいいかを考えることができる。

来客があったときにお茶を出すことに気づけない人は、これまでとは違う質の仕事が発生したときにうまく対応ができない人だろう。両者は一見まったく次元の違う話のように思えるが、「意識の量」という観点で見るとつながってくる。

他人のことはお構いなし、自分さえ、自分たちの組織さえうまくいけばいいと考えていたのでは、社会ではうまくやっていけない。「他者がうまくいくことは自分もうまくいくことだ」という発想に立てるかどうかがカギだ。

人事担当者は採用のときにそこを見る。いい会社は組織全体がそういう発想を大事にする。

ムーミンママは、木いちごのジュースを出すタイミングが抜群だ。行き詰まった場が、一気にほぐれる。ムーミンママの意識はいつも全体にゆきわたっている。「めざせ、ムーミンママ」である。

刺激スイッチがオンになれば

気づきが多い、少ないというのは個人差の問題で、先天的な要因のような気がするかもしれない。もちろん気質的なものも無関係とは言わないが、むしろ環境と習慣で後天的に変えうるものだと私は考えている。

「おまえ、そんな意識レベルで大丈夫か？　もう二〇歳なんだぞ、成人なんだぞ！」と言いたくなるようなもやもやっとした感じだった学生でも、何かのきっかけでスイッチが入ると変わる。アルバイト現場でガツンとやられて自覚するようになるケースもあれば、誰かの言葉に強く触発《しょくはつ》されるケースもある。

最も威力のある切り替えスイッチが「就職」だ。社会に出て、これまで味わったことのない環境の中で自分が揺さぶられることで、自分に決定的な刺激が与えられる。このままではダメだ、どうにかしなくてはという切迫感のもと、意識の量がどんどん増えていく。気づいて動ける人間になっていく。

もちろん、みんながみんな、就職すると意識のありようが変わるわけではない。ただ、卒業してから五年くらいのあいだに、たいていの人は目覚めていく。いつまでも学生時代とさして変化がないような状態の人は、社会でうまく機能できていないように見える。

気づくかどうかは「感知力」、さっと動けるかどうかは「対応力」。感覚の鋭敏《えいびん》さと即座に反応する運動性は、本来、能力としては別ものだ。気づくけれども動けない人もいる。気づく感度は鈍いけれども、他の人の行動を見て「あっ」と思ったら連動できる人もいる。

感知して対応することがセットですっと自然にできるようになると、意識の線がうまくつながって機能している状態と言える。

感知と対応、社会とつながる術

先だってもこんなことがあった。

卒業生が数人やってきて、現役の大学生と卒業生と入りまじった席で話をすることになった。元教え子たちは卒業して三、四年経《た》っており、それぞれ教師になったり企業に就職したりしている。

私が資料のプリントを配りはじめると、卒業生の一人がすっと立って、「先生、僕が配りますよ」と、代わりに配ってくれた。「おっ、こいつ、ずいぶん大人になったな。そういうところを学生に見せてやってくれよ」と思った。

普段、授業のプリント配りを手伝ってくれる大学生はめったにいない。誰もが「サービス待ちのからだ」で教師が自分たちに付与してくれるサービスをただ待っている。教師にサービスしてくれるような奇特《きとく》さはない。

先輩が立ち上がって私に代わってプリント配りをはじめたら、そこで、「ん？ 僕らと一味違う。社会ではこういう資質が求められているのかな？」と気づけるか。「あ、僕も手伝います」と言えるか。残念ながら、その日そういう学生はいなかった。

その卒業生にしても、在学中に特別気働きができたという記憶はない。自分が教師としてプリントを配る側になって、「誰か手伝ってくれたらもっと早く配れるのに」

と思うようになったのかもしれない。三年のあいだに、ぱっと気づいて、動ける人間になっていた。

この「相手の立場に立ってものを考えられる」ということは、社会とうまく関わり、つながっていくためにとても重要なことだ。

「こういうことをしたら、この人が少し助かるんじゃないかな」「こうしたら、この人はきっと安心するだろう」……そういった視点で物事を処《しょ》すことができるようになれば、社会の一員として有用な存在になれる。

上司にとっていい部下とは?

ラグビー指導者の清宮克幸《きよみやかつゆき》氏と元プロ野球選手の小宮山悟《こみやまさとる》氏が『選手の心を動かす監督の言葉』(ぴあ)の中で、「選手にとっていい監督とは?」「監督にとっていい選手とは?」を語っている。

清宮氏は言う。

いい選手とは、機転が利く、気の利く選手。気の利く選手はトラブルやアクシデント、予想外の行動と遭遇しても、きちんと仕事をしてくれる。いい結果を出してくれる。これができる選手は信頼できる。評価できる選手になる。つまりは頭のいい選手。

小宮山氏は言う。

「選手にとっていい監督は、自分を使ってくれる監督」。これは間違いない。ただし、使われなかったからと言って、ヘソを曲げるようなヤツは選手として最低。なぜ、自分が使われないのか、ほかの選手が起用されるのかをきちんと分析、判断して、ライバルに負けないものを見せないといけない。それが、選手に課された最低限の仕事。〝プロ〟という名が付くなら、余計にそうだと思う。

反対に、「監督にとっていい選手は、リクエストにきちんと応えてくれる選手」。監督は、その選手が持っている能力以上のことを求めない。やれると思っていることを期待するだけ。監督の期待に応えられる選手が集まったのに勝てないとしたら、それはすべて監督の責任。

文中の「選手」を「部下」あるいは「社員」に、「監督」を「上司」に置き換えて読んでも、そっくりそのまま同じことが言えると思う。

企業で有用な存在になるには、気の利《き》く社員、リクエストにきちんと応えられる社員になること。

同じ課題をもっていても、工夫《くふう》できるかどうかに違いが現れる。それが意識だ。意識の量を増やせということは、工夫をしろという意味である。

いい部下は、この「工夫」がうまい。

サービス業的な仕事では、明確なゴールや答えが出ないことが多い。その中でどれだけの「工夫」ができるか。限られた時間や費用の範囲内で、どれだけ最良のパフォーマンスを発揮できるかが求められている。

Ⅲ章

求められる人になる「意識増量」レッスン

1　自動化する

いま「意識小僧」を何人働かせている？

さて、意識の量を増やすために、ここからは具体的なメソッドを紹介していこう。

意識の量を増やすことを目標にするために、私は自分の指令で動く分身たち、「意識小僧《こぞう》」を出動させるという考え方をしてはどうかと思う。

いま自分がもてる意識をフル稼働させたときを、「意識小僧」が一〇人働いている状態とする。何をするにあたっても、いま自分の中で、意識小僧が何人稼働しているか、と考える。三人働いているのか、五人働いているのか、九人なのか。

友だちと会話して笑っているときは？　大学の講義中はどうだろう？

気のおけない友だちといるときは、ぼーっと話を聞いている講義中より、きっと意識小僧たちは活発に働いている。会社の会議も、ただ出席して誰かの話を聞いていればいいときと、自分でプレゼンしなければいけないときとでは、稼働している意識小僧の人数は大違いだ。

私はいつも、学生たちの「意識小僧」をフル稼働させるつもりで授業をしている。ただ話を聴かせているだけでは、意識小僧たちはあまり働かなくていいので怠ける。だからどんどん質問をして、みんながそれに反応し、答えなければいけない状況をつくる。「いま何人働いてる?」と訊《たず》ねてみるだけでも、稼働する「意識小僧」の人数は増える。

また、授業では、意識小僧を増強するためにこんなレッスンもする。

「はい、ではこれについて三〇秒で考えて、三〇秒で自分の考えを発表してください」

と、突発的にキーワードを出題する。直前にお題を出されても、短い時間で意見をまとめ、限られた時間内にそれを人に伝わる言葉にする練習だ。これは面接試験で立ち往生しないためのトレーニングでもある。

考える三〇秒というのはものすごく短いが、発言する三〇秒はけっして短くない。次々とキーワードを出して、ぱっと考え、ぱっと言葉にすることを繰り返す。

人の話を聞いたら拍手で反応しよう、話すほうはアイ・コンタクトをとろうというのが私の授業のお約束なので、頭を超高速回転させながら、からだも反応させなければいけない。すると間違いなく一〇人の「意識小僧」たちが懸命に動き回る状態になる。

おもしろいことに、これを続けていると「意識小僧」たちが強化される。それまで「意識小僧」七人稼働態勢くらいでやっていた作業が、六人とか、五人くらいでも楽にこなせるようになる。小僧一人当たりの能力がアップする。一つの作業にかけていた時間もエネルギーも節約できるようになる。小僧の能力向上のおかげで、それまで「けっこうきつい」と感じてやっていたことが楽になるのだ。それが自覚できたところで、「今日の増強作戦、成功」である。

このサイクルを繰り返して、小僧たちを有能な分身に育て、なおかつ稼働人員を増やしていく。

自分の分身である「意識小僧」をたくさん抱え、うまく操ること。それに長《た》けた人が、仕事ができる人だといえる。上達と意識の量はつながっている。

よく「仕事は忙しい人に頼め」と言う。なぜ忙しい人がいいかというと、短い時間の中でも「意識小僧」をうまく働かせていい仕事をする方法を、ワザ化できているからである。

スポーツや芸術の世界でも、ビジネスの世界でも、素晴らしい活躍をしている人はみな忙しい。意識を動かし続けているので、休みなく小僧が働く。そのことでさらに多くの仕事を能率よくこなすことができるようになる。そういう人の仕事ぶりにはブレがなく安定感があるので、次の仕事の依頼が来やすい。自然とチャンスが巡ってくる回路ができているのだ。

スローモーションで細部強化するレッスン

ゴルフの宮里藍《みやさとあい》選手は、数年前から「太極拳《たいきょくけん》スイング」と名づけたトレーニング方法でスイングの調整をしている。通常、スイングは三秒間くらいで最後まで振り切るわけだが、それをわざとゆっくりと、恐ろしいほどスピードを落として、一分ぐらいかけて振り切るという練習をする。

普段より何十倍も時間をかけてゆっくり素振《すぶ》りをすると、スローというよりはもうストップモーションのような感じに近い。一つひとつのポージングに対して、このときクラブヘッドはどこにあって、手首の角度はどうで、頭の位置は、目の位置は、腰は、足の重心は……と、からだの各部の動きを丁寧に意識することになる。

その動きを、宮里選手はからだに完全に覚えさせる。

苦手だと思う場面ほど力が入って筋肉が反応し、スイングが早くなってしまう。そのため、つねにゆったりした動きをからだに染み込ませたいと考えて始めたらしい。

あるテレビ番組で、宮里藍さんと石川遼《いしかわりょう》選手が一緒にラウンドする企画があって、遼くんがその「太極拳スイング」をまねしてこう言っていた。

「見ているより実際にやったほうがきつい。筋肉の隅から隅まで刺激がいく感じ。頭のてっぺんから指先まで全身で集中していないとできない」

スローな動きにすることで、すべての瞬間、全身に意識を張り巡らしていることになる。「意識小僧」フル稼働態勢だ。

すべてのプロセスにおいて注意深くなると、よくなかったときにはどこがいけなかったのか、気づきやすくなる。自分自身の動きを細かく確認するチェックリストが頭とからだに叩き込まれるようなものだ。

自分でいま何をやってしまったのかわからない、どこがどう悪かったのかわからないという無意識、無自覚な行動をなくすことにつながる。

自動化領域を増やす

このように、意識の中には、完全に意識してやっていることと、半分ほど意識していること、ほとんど無意識なことが重層的にある。反復練習することによって意識してやっていることを半自動的にやれたり、ほとんど意識せずにやれたりするようになる。これが半自動化、自動化だ。

たとえば、楽器の演奏では右手と左手で違う動きをさせなければならない。初心者は、右手に意識を集中させると左手がおろそかになり、左手に意識を集中させるとこんどは右手が止まってしまう。とりあえず左手だけをみっちり練習して半自動化させ、それができたらこんどは右手だけを練習し、次の段階でゆっくりと両手を併せてやり、徐々にそれを速めていく。そして正しいテンポとか、曲のイメージといったことを意識するようなプロセスをたどる。

自動化によりそこに意識をたくさん注がなくてもいい状態にするというのは、左手を正しく動かすために最初は「意識小僧」が三人くらい必要だったのが、習熟して左手に関わる「意識小僧」が一人でも大丈夫になる状況だ。

すると、「意識小僧」二人を他のところに回すことができる。

これは仕事や家事にも応用できることだろう。自動化している作業が多くなるほど、意識の量を他のことに割《さ》くことができる。自動化している部分が多いほど新たなことに気を配れる。その新たなものも自動化できると、より自動化が進む。これが上達のよいサイクルだ。

基本ワザをもつ

スポーツの場合、一万回から二万回反復練習すると自然な動きが身につく。そこまでやることでからだの各部が覚えてくれる。

コントロールのよさを高く評価されるプロ野球投手の工藤公康《くどうきみやす》さんは、高校二年のときに出会った臨時コーチの指導の下、徹底してコントロールを叩き込んだ。まず一〇メートルの距離から、キャッチャーの構えたミットに投げる。一〇球連続して同じところに投げられるようになるまで投げ続け、その後で一歩下がる。今度はその距離から同じことを繰り返し、次も一歩ずつ下がってひたすら投げる。最終的にはマウンドの距離からそれができるようにする、という方法だった。

まっすぐ、カーブ、高め、低めと、それぞれ一〇球連続で同じ場所に投げられるようにした。ずっとその練習を繰り返したことで、からだがブレなくなり、コントロールが身についたと振り返る。

プロ選手でも、一〇球連続して同じところに投げられる人はほとんどいないというから、すごい練習をしていたことになる。

体操の内村航平《うちむらこうへい》選手は着地の確かさに定評がある。跳馬《ちょうば》でも鉄棒でも、彼は着地に徹底的にこだわり、ピタリと止まる演技を見せる。

少年時代から、長い休みになると長崎から上京し練習に明けくれていた内村選手は、いつも何時間もトランポリンの上にいたという。当時を知る体操指導者の塚原光男《つかはらみつお》さんは、「見える景色やスピード感を瞬間的に調整して、ちゃんと着地できるのは、トランポリンで培《つちか》ったのだろう」と言う。

その塚原光男さんの息子で、内村選手の憧《あこが》れの存在だったという塚原直也《なおや》さんの場合、基本にしていたのは倒立《とうりつ》だったと直接うかがったことがある。倒立が崩れると演技のすべてに影響する。調子がよくないときは倒立だけをみっちり練習したそうだ。

自動化するまで続ければ、それを自分の基本ワザにすることができる。その効用は、緊急の事態が起こっても冷静に対応できるようになるということだ。「少なくともここまでは自動化できている」ことがわかっていれば、不測の事態が起きても動じにくい。「自分の力ではできないところ」だと割り切り、いつもより時間をかけたり、他人に助けを求めたりといった判断も早くなる。

また、自分の軸となる基本ワザは、いろいろなワザへの応用の核になる。基本ワザに対する意識を徹底的に高めることで、他のワザの精度も調整していける。

意識の量を増やすことを、いろいろなことに一気に器用になっていくようなイメージで考えると、意識がやたらと散漫《さんまん》になってしまう。「あれもやらなきゃ」「これもやらなきゃ」という状態は心理的にプレッシャーがかかるばかりで、実はあまり効率的とは言えない。

そうではなく、一つのことへの集中力を高めて、それをあるレベルまでもっていく。基本ワザに長けることで、その上達の原理を手堅く応用拡充《かくじゅう》していくようなイメージをもつほうがいいと思う。

成功体験を蓄積する箱をもつ

意識が曖昧な人のまずい点は、自分がうまくできた経験を蓄積《ちくせき》できないことだ。「ああ、あのときはたまたまうまくできたんだけどなあ」で留まってしまう。

何かがうまくできた、上達したときには、必ず成功の秘訣《ひけつ》、ルールがある。それを自分の成功体験ボックスの中にどんどん溜め込んでいって、何か新しいことに挑戦するときには、「あのときの方法は使えないだろうか」と考えてみる。

一〇〇回、二〇〇回としつこく反復して英語を聴き、単語を聞き取れるようにする手法を「ディープリスニング」と名づけて学生にすすめたところ、たいへん評判が良かった。この手法は他のことにも応用できる。歌や楽器も相当うまくなるだろうし、落語の達人になれるかもしれない。

数学の問題集を五周やったらできるようになったならば、卒論も仕事の企画書も「周回方式《しゅうかい》」でブラッシュアップして仕上げていく手法をとればいい。

成功体験を定着させることができる人は、自分の成功体験を蓄積する箱をもっていて、それを金の卵を産む宝箱にしている。

とにかく続ける、休まない

期間限定の課題をクリアしてある突破感を知ると、やればできることを継続することへの抵抗感も減る。簡単に言えば、「面倒くさい」と思う気持ちよりも、「これをやれば、こんなことも可能になる」という気持ちのほうが大きくなっていく。

その気持ちを引き鉄《ひがね》にして、意識の持続《じぞく》時間、持続回数を増やしていく。

「やれる日もあり、やれない日もあり」ではなく、「必ずやる」、それを自分のルールにする。

自分は、誰よりもそのことをやっていると思えるようになったら、もう休みたくなくなる。

イチロー選手もそうだった。お父さんと一緒に毎日練習していたのは有名な話だ。北京オリンピックで銀メダルを取ったフェンシングの太田雄貴《おおたゆうき》選手も、子どもの頃から父子で練習を積んでいた。二人の練習は、旅行のときであろうと骨折したときであろうと毎日休むことなく続けられ、通算四二七〇日、一一年半以上にわたったそうだ。そうしたトレーニングが、からだと心の軸になった。

「休まない」ことは意識の高さの一つの指標になる。

身体感覚を通して獲得したものは、深くしみ込む。

脳生理学の先生がこんなことを書いている。

私たちは、普段は、意識の世界に生きています。外界からのいろいろな刺激を受けて、見る、聞く、触れる、味わうなど感覚系が働き、物事を感知します。これらの情報をもとにして、考え、予測し、推論し、判断し、最終的に運動系に繋げて、行動として外に向かって働きかけます。そして脳の中を巡るこれらすべての情報は痕跡として残り、記憶として蓄えられます。

このとき、情報の量が多いほど、すなわち繰り返し情報が入れば入るほど、脳内に残る痕跡（記憶）は大きくなります。

（『イチローの脳を科学する――なぜ彼だけがあれほど打てるのか』西野仁雄　幻冬舎新書）

量の多さと繰り返し、経験知がものを言う理由がよくわかる。

仕事のスピードアップ

できる人は仕事が速い。

一つには経験知が多いからということがある。死ぬほど繰り返してきた経験則によって、次はこうなるだろうという予測が立てられて処理できるぶん速い。

ベテランは無意識のうちに、自分の経験から導き出したチェックリストを無数にもっている。どこに注意をするべきポイントがあるか、リストをたどれば、すぐ見つけられる。新人はチェックリストをもっていないから、遅いのだ。ベテランは一回のチェックでザーッとくぐらせる項目が多いので、一回チェックすれば充分、それ以上繰り返さなくて済む。

自動化する前、最初のうちは、誰でも一定の量の仕事をこなすのに時間がかかる。同じ資料を読み、理解したりポイントを抽出するのにも三倍も四倍も時間がかかったりする。しかし、それはいわば、チェックリストを自分の中に用意するための準備時間だと考えればよい。そこをみっちり積み重ねておくと、徐々にスピードアップしていく。

最初の段階でできないと思っても、時間をかけて取り組んでみることにムダはない。意識の量が増えてくれれば、同じ仕事量でも前より短時間でこなすことができるようになってくる。

2　細部を見つめる

明瞭な指揮は明瞭な意識から

細部の意識をはっきりとさせることがどういう効果があるのか、指揮者の小澤征爾《おざわせいじ》さんがおもしろいことを書いている。

小澤さんは、一九五九年、二四歳のときにブザンソン国際指揮者コンクールに入賞した。そのとき、桐朋学園で師事していた斎藤秀雄《ひでお》先生のメソッドが基礎訓練としていかに効果的なものだったかを、こう表現している。

斎藤先生は指揮の手を動かす運動を何種類かに分類して、たとえば物を叩《たた》く運動からくる「叩き」とか、手を滑らかに動かす「平均運動」とか、鶏の首がピクピク動くみたいに動かす「直接運動」というような具合に分類する。そのすべてについていつ力を抜き、あるいはいつ力を入れるかというようなことを教えてくれた。

（中略）

ぼくはどんなオーケストラへいっても、そのオーケストラが、あるむずかしい曲で合わなくなったり、アンサンブルがわるくなったりしているときに、ぼくのもっているテクニックを使って、必ずみんなのアンサンブルを整えることができるという自信をもっている。それはすなわち斎藤先生のメトーデによるものだ。それがオーケストラのほうからみると、セイジの棒は非常に明瞭《めいりよう》だという答えになって表われるので、ぼくとしては、指揮するばあいに非常に有利な立場に立つことができるのだ。


（『ボクの音楽武者修行』小澤征爾　新潮文庫）


指揮の動きを「叩き」「平均運動」「直接運動」と部分的に分け、一つの動きを徹底強化させる。しかもその力の緩急《かんきゆう》をはっきり教える。それが斎藤メソッドだった。

オーケストラを指揮するときの指揮者の意識量は膨大だ。鋭敏な感覚をとぎすませながら、大河のような水量で意識を張り巡らす。その基本が、部分に分けて細部を強化することだというのが興味深い。

このコンクールの予選でどんな課題が出されたか。

その一つが、フォーレの「タンドレス」という曲について、あらかじめ六〇人編成の各パートの譜《ふ》に、赤インクで間違った譜が書き込まれている。ホルンとトロンボーンの音が入れ換《か》えてあるとか、バイオリンが違うというような一二箇所の誤りがある。それを五分間で発見して、完全なオーケストラに仕上げる、というものだったそうだ。

まさに、意識の量を見る試験。譜面を見ながら、六〇人の音を一つひとつ聴き分け、指揮をしながら、間違いを指摘するのだ。指揮者に求められる意識量のすごさたるや人間ワザではない。

小澤さんは、斎藤メソッドのおかげで、自分はどんなオーケストラでもみんなのアンサンブルを整える自信があると言っているが、小澤さんの意識と意思表示が非常に明瞭だから、オーケストラにも的確にそれが伝わるのだ。

シャビと世阿弥の「離見の見」

どれだけ広く見渡せるか、というアイ・スパンが広がると、意識の及ぶ対象範囲が広がっていく。

サッカーの試合では、観客席から見ていると、どこにディフェンスの穴があるとか、パスをどこに出せばよいかなどに容易に気づくが、実際にピッチに立ってみると、そう簡単にわからない。ただ、中には、まるで観客席から客観的に見ているように「見る」ことができる選手がいる。

スペインＦＣバルセロナで活躍しているシャビ（シャビエル・エルナンデス・クレウス）は、いま世界中のサッカー選手の中で視野の広さ一、二と言われる。小柄であるというサッカー選手としてのハンディをものともせずにピッチを縦横に睥睨《へいげい》できるのはなぜか。

『史上最強バルセロナ　世界最高の育成メソッド』（ジョアン・サルバンス　小学館101新書）という本も出ているが、ＦＣバルセロナには、カンテラと呼ばれている少年たちをトレーニングする下部組織がある。シャビはカンテラ出身だ。シャビだけではない、メッシもイニエスタも、世界最高クラスの選手の多くがカンテラで育っている。

カンテラでは、子どもの頃から、極端に狭《せま》い場所でミニゲームをする。狭いスペースで、速い速度のパスを回す練習をし、そこから徐々に、目を配る対象の幅を広げていくという。最終的に、速いスピードで広いエリアを見渡して最善の判断を重ねていくサッカーのスタイルを徹底的に学ぶ。

ピッチに立つとき以外でもそのシミュレーションをやり続けて意識を鍛えているので、「シャビと話していると数式を解く博士と話しているようだ」というチームメイトもいる。

サッカーのような肉体性の高いものでさえ、ただ強く速く走り続けるのではなくて、早く的確な判断ができることがいい選手の条件になっているのだ。

日本代表の遠藤保仁《えんどうやすひと》選手も、そういった「見える」タイプの選手だ。その秘訣は、「ちゃんと見ること」である。始終首を振って、ピッチのあちこちをつねに見ている。

単純に言うと、見えてないものは判断できない。だから徹底的に見ている。その結果、他の人には見えないものを「察知」する意識が身につく。

能を日本を代表する芸能にまで大成させた世阿弥《ぜあみ》は、舞の心得として「目前心後《もくぜんしんご》」ということを言っている。

目は前を見ながら、心の眼は自分の背後に置かなくてはならないという訓《おし》えだ。心の眼を背後に置くには、いまいるところで自分が見ている自分の世界から離れて、外からの目線で眺めなくてはいけない。

これを世阿弥は「離見《りけん》の見《けん》」と言った。「我見《がけん》」から離れ、いわゆる俯瞰《ふかん》の視線で場を見る。そうすることで舞台から演者がどう見えているかという意識をもつことができるようになると言った。

いわば、意識を芸術として見せることを発明したのが世阿弥であると言える。

シャビや遠藤選手のようなプレイヤーがやっているのも、まったく違う世界の話のようだが、世阿弥と同じことだ。

意識の及ぶ範囲を広げ、細部が見えるようになることで、それまで、そこにいても気づかなかったことに気づけるようになる。

「そうか、ここにパスを出せばいいのか」「今日の顧客に言わなきゃならなかったのは、コストのことじゃなく自分の熱意のほうだったんだ」という気づきの一つひとつが積み重なって、「仕事」が一人前になっていくのである。

見ようと意識を働かせない限り、見えない人には一生見えない世界がある。

単位時間あたりのコマ数を増やす

「スポーツ速読」というスタイルの速読を教えている呉真由美《くれまゆみ》さんという方がいる。「速読トレーニングをすると、野球をやったことのない人でも一五〇キロの球を打てるようになる」というキャッチフレーズで、テレビで話題になったりもした。

どうして一五〇キロというような速いボールが打てるようになるのか。

私も子どもと一緒にやってみた。たしかにできる。ただし厳密に言うと、「打てる」ようになるというより、バットに「当てられる」ようになるといったほうが正確だろう。

突然スイングスピードが速くなるわけではない。速読で目の動きを速くすることができるので、ボールがどのタイミングでどの位置に来るかを早い段階で察知できるようになる。それを当てにいける。反応速度が速読によって磨かれるのだ。

『巨人の星』で、花形満《はながたみつる》は通りすぎる電車の中から外の景色に手刀を合わせ見つめ、動体視力を養うトレーニングをやっていた。私はあれに影響を受けて、目の動きを速くする練習をしてみたことがある。

速いものに目を慣れさせる訓練をしていると、ものが見やすくなる。たとえば、走っている電車に乗っている人の顔を認識する練習をする。続けていると、見えるようになってくる。そのあと道ですれ違う人の顔を認識しようとすると、とてもゆっくり感じられて、人の顔の表情までわかる。

単位時間あたりに見ることができるコマ数が増えるのだ。わかりやすく言うと、三秒のあいだに「カチカチカチカチカチカチカチカチ」というスピードで映像を捉えられる状態と、「カチッ、カチッ、カチッ」という速さで捉えているのとの違い。

江川達也《えがわたつや》さんの漫画『東京大学物語』（小学館）の主人公は、やたらと妄想癖があって、妄想シーンが何コマにもわたりつらつらと描かれたあとに「ここまで〇・三秒」と出てくる。コマの多さからすると延々と妄想していたようだが、それはまさに一瞬のうちに起こった妄想で、じつは頭の中は超高速で回転していたんだよ、という表現方法がそれだった。

同じ時間の中に、どれだけコマ数を詰められるか。

アナウンサーなどしゃべりのプロは、限られた短い秒数に言葉を詰め込むチャレンジをする。安住紳一郎《あずみしんいちろう》さんと一緒に番組に出ているが、彼は生放送の時間内に「残り一〇秒です」とフロアからの指示が出る中、その一〇秒にどれだけ生の言葉を詰め込んでピタッと終わりにできるかを一瞬のうちに考え、タタタッとまとめる。

エンディングがピタッとみごとに締《し》められると非常に気持ちがいいと言っている。収録なら失敗したらやり直しがきくが、生放送を切り回すには時間パニックを起こさずに冷静に対処する力量が求められる。意識の量が相当多くないとこなせない。

単位時間あたりのコマ数が増えると、意識の量がものすごく増える。一〇秒であれ一分であれ、時間は誰にも等しく刻まれるものだが、同じ一〇秒、同じ一分の中で実際にできることは人によってかなり違う。ある人にとっては長く有効で、ある人にとってはあっという間。時間は、実質的には誰にも均等ではないのである。

速音読でアイ・スパンを広げるレッスン

速音読は意識量を拡大するのに最適のトレーニングだ。

全員に立ってもらい、「スタート！」の合図で音読を始める。一ページ分読み終わった人からすわっていく。ストップウォッチで「何秒、何秒」と秒数を読み上げていくので、それぞれ、かかった秒数を記録する。これをページを変えて繰り返す。

小学生には国語で、大学生には英語でやってもらう。速さは人と比べるものではなく、自分の記録が短くなっていくことに目的がある。

速く音読するには、目で追っている文字に対する意識のスパンを広げる必要がある。声に出して読んでいるところよりも目は何語か先、一行先くらいまで進ませなくてはならない。ただし意識がそちらに行きすぎると、いま声に出しているところへの意識がおろそかになって、読み間違えたりつっかえたりしてしまう。

目の可動範囲は、速読で「単語探し」をするレッスンでも広げていくことができる。

小学生を対象としてよくやるのだが、本のあるページをアトランダムに開く。そして私が「はい、『自尊心』という言葉」と言ったら、その見開き二ページ内にある「自尊心」の文字にそれぞれパッと丸をつける。それを何秒以内と決めてやる。何分ではなく秒だ。「一〇秒以内」とか「五秒以内」と時間を区切る。

子どもたちは、最初は一行目から目を速く動かして読んでいこうとするが、それでは一〇秒で見開きページを追いきれないことがわかる。そのうちに、読むというよりはここと、ここと……というように拾い出すんだなということがわかる。

全体を見渡しながら、向こうから捜している単語が飛び込んでくるようなイメージをもってやる。カルタ取りの要領だ。これを練習すると、子どもは言葉を見つけ出すのが急速に速くなる。

その訓練をある程度積むことで、全体の中の「部分」に目をつけるという意識が培われていく。

また、パッパッと全体をすばやく流し見ながら内容のポイントを把握し、どんな内容だったかを話すというトレーニングをやると、文脈をつかまえる意識もできる。

細部から分散、複線化へ

演劇集団キャラメルボックスの脚本家、演出家である成井豊《なるいゆたか》さんの『成井豊のワークショップ　感情解放のためのレッスン』（論創社）の中に、意識の分散練習をするこんなメソッドが紹介されている。

口と右手と左手と足とをそれぞれ違うリズムで動かすリトミックだ。

まず、口では「アイウエオ・イウエオア・ウエオアイ・エオアイウ・オアイウエ」という発声練習をする。

右手は三拍子のリズムで、腕を上げる、横に出す、下げる、という動きをする。

左手は四拍子で、横に出す、ひじを内側に折る、下げる、上げる、という動きをする。

さらに足は、右を一歩出す、左を一歩出す、両足そろえる、と三拍子で動かす。

これはかなり高度なワザだ。「意識小僧」を一か所、二か所に集まらせるのでなく、うまく分業態勢で働かせるようにしなくてはならない。

一発で完璧にできる人はなかなかいないようだが、これも練習すればできるようになる。

意識の中に同時に何本の列車を走らせることができるか。意識の量を増やすとは、そういうことだ。意識の複線化《ふくせんか》が進むと、量的に多くのことを考えながら、同時に物事を処理していくことができるようになる。それも自分のことばかりに捉われずに、対人意識をバランスよくもちながら。

私は、意識の量を上手に配分できるのが、本当の集中力があるということだと思っている。

たとえば、将棋の棋士《きし》は対局のとき、目の前の盤上に意識を集中させているが、けっして次の一手だけに意識を注ぎ込んでいるのではない。この局面にいたるまで、自分の指してきた一手一手、相手の指した一手一手を記憶しながら、自分がこう指せばこの先相手がどう出るであろうということをいろいろ読む。考えられうる手がどれだけあるかを頭の中で高速検索している。

自分の知っている過去のすべての棋譜《きふ》の引き出しの中から、同じような局面があったかを考え、それはどういう展開になったかを考える。もちろん時間は永遠にあるわけではない、もち時間内に判断しなければならない。翌日にまたがるときには、どのタイミングでどっちが封じ手を指すことになりそうかも意識しておく必要がある。

将棋に関する膨大な知識、豊富な経験知、それら知の海の中でさまざまなことを考えながら、目の前の次の一手に集中していく。

一つのことだけをいかに深く、いかに高く意識できるかではなく、多くのことを同時に意識し、その意識配分を間違わないこと。いろいろなところに意識を巡らさなければいけないときに、意識が散漫にならずに優先順位の高いところに高い意識を集中させられる状態が、本当の集中力ではないかと思う。

将棋で言えば、それが大局観というものだろう。

3　言語化する

リストアップ、項目列挙のレッスン

意識と言語とは、密接な関係をもつ。社会性をもった意識は、言語化することで正確に相手に伝わる。また、相手から意識を受け取る際にも、身体性と同様に大切になるのが言語である。

意識を目に見えるかたちで定着させるのに一番いいのが、文字化することだ。何かを考えたり、聞いたりしてメモをとる。頭に浮かんだこと、忘れてはいけないことを列挙する。考えをまとめ、整理して文章にする。「書く」ことはその人の意識の量を端的に表す。

手っ取り早いトレーニングの一つが、「項目を挙げる」こと。リストアップの作業。たとえば、優れた教育実践を行っている先生の映像を学生に見せ、「この先生はいったい何がすごいんでしょうか?」と、思いつく限り挙げてもらう。同じ映像を見て

いるのに、二〇項目以上挙げられる人と、五個ぐらいしか挙げられない人といる。意識の量が一目瞭然《いちもくりようぜん》になる。

「すごい」というのは、なんとなくの印象だ。卓越《たくえつ》しているんだということはなんとなくわかっているが、何がどう卓越しているかはつかめていない。それを具体的に言語化することで、何がどうすごいかが鮮明になる。参考にしたい、まねしてみようと思っても、何がどうすごいのかが言語化できていないことには実践できない。

小学生にも似たようなことをやってもらったことがある。

『キユーピー3分クッキング』の映像を見せて、料理の段取りをリストアップする。小学校五、六年生ぐらいの女の子の中にも、パーフェクトに段取りをメモできた子がいた。

記憶力も必要ではあるのだが、何のためにこれをやって、だから次はこうなって、というプロセスを自分の頭の中で構築していくと、料理の段取りを的確にメモすることができるようになる。

これはいつでもどこでもできるレッスンだ。テレビを見ながら、本を読みながら、人と会話をしながら、「この話はどこがすごいか?」とか「これのどこがおかしいか?」と考えて列挙してみる。これをやっていると、自然とメモをとる習慣ができる。

メモする能力、レベル1、2、3

メモ力にもレベルがある。私は大きく三つに分けて考えている。

レベル1　人の話を聞いて、それを書きとめる
レベル2　構造的に整理したメモがとれる
レベル3　自分のインスピレーションも同時にメモする

レベル1の前に「書き写す」という作業がある。先生が板書したことをそのままノートに書く。だが、これでは意識が活性化しない。自分の頭で考える作業をからめないと意味がない。

レベル1は、「人の話を聞いて、大事だと思う部分をさっとメモする」こと。これ

は社会人としては基本中の基本なのだが、学生時代から自分のメモ、自分のノートをとる習慣がない人はすぐにはできない。

相手の目を見て、話を聞きながら、うなずいたり相槌を打ったりしながら、メモに要点をまとめる。意識の線を複線化していないとできない。しかも人の話はどんどん進む。スピードが必要だ。

慣れない人はぱっと耳に飛び込んできた単語、固有名詞などを記そうとするが、単語の羅列《られつ》メモというのは後で見たときに要領を得ないことが多い。「意識量」と書いてあっても、意識をどうするのかがわからない。「意識量を増やす」とか「意識増量」あるいは「意識量アップ」など、「どうするのか」までを書いておくのがメモのコツだ。

そうしたことに留意しつつ、構造的に整理できるのがレベル2クラスのメモ。

『東大合格生のノートはかならず美しい』（太田あや　文藝春秋）という本が話題になったこともあったが、授業の内容をただ書きとめるのではなく、わかりやすく構造化してノートにするのは、かなり高度な作業になる。

メモも構造的にとれると、見返したときに一目でさっと内容が把握できる。ただ箇条書きにするのでなく、数字や記号を使いながら階層構造に整理できるか。関連する内容を線や矢印でつないだり、原因と結果を判別しやすいようにしたりできると、メモとしての価値がなかなか高い。

さらにワンランク上のメモとは、聞いた話をメモするだけではなく、それを聞いたときに自分が感じたこととか、疑問に思ったこと、自分の中で炸裂《さくれつ》したインスピレーションをも書き込んでいくメモの仕方だ。メモに自分のコメントを入れていく。

私は三色ボールペンを使って、客観的に大事なことは青、最重要なことは赤、主観的に自分がおもしろいと感じたことは緑と色分けして読み書きすることをすすめているが、メモをとるときも三色でやり、自分のコメントは緑で入れる。

こうしておくと、話の区切りのいいところで、緑の部分を見ながら「このお話のところで、こういうことを知りたいと思ったのですが」とぱっと質問することができる。あるいは「この部分がとくにおもしろかったです」と具体的な感想や意見を伝えることもできる。相手と意識のやりとりをすることができる。

話を聞くというのは受動的な作業だが、何かと出合ってスパークしたこと、自分の中の何かとリンクしたところをメモする習慣が身につくと、話の聞き方にも深さが出てくる。そうした日々の積み重ねが、新しいアイディアの素になったり、問題解決のヒントになったりすることもしばしばある。

仕事をするときは、相手に信頼感をもってもらうことがとても大事だ。打ち合わせの際にメモ帳《ちょう》を取り出してさっと書く行動は、あなたの言うことをきちんと聞いていますよ、というアピールでもある。私はそういう注意を払っています、そういう意欲がある人間ですということを示して、相手に安心感をもってもらう一種のプレゼン的意味あいもあるのだ。

目を見ながら、微笑《ほほえ》みながら、うなずきながら、「そうですね」と相槌を打ちながら、メモする。適宜《てきぎ》、的を射た質問をし、自分の意見や感想を述べる。そんなことのできる人がいたら、「この人はできるな」と誰でも思うだろう。

話す、聞く、それを整理する

「話す」「聞く」ことには、そもそも意識を鮮明にする効果がある。

話すというのは、頭の中に漠然《ばくぜん》とある思いや考えを、言葉に置き換えてアウトプットする作業だ。言葉にすることによって、はじめて、ブラックボックスの中でもやもやしていたような状態の思考が整理されていく。

誰かに話をしているうちに、自分はそういうことを考えていたのかと初めて自覚することもあれば、聞き手から質問されることで、自分自身気づいていなかったことに気づくこともある。

私は学生時代、自分の脳みそを人に貸すのを得意にしていた。

友人の話を聞いて、その問題点を整理してあげるのだ。そのとき、相手の話に対して私の見解は一切示さない。

その人の抱えている悩み事について、ただ詳細に聞くだけだ。

話の要点を紙に書きとめながら、「ふんふん、なるほど。ということは、これが決まらないとこっちのことも判断できないわけだね」ということがわかればその事柄を線で結んで矢印をつける。

状況がよく呑み込めないところは「これはどうなってるの？」と質問する。箇条書きで一、二、三と項目を細分化したり、大きく囲ってグループ分けしたり、その人の話したことを構造的に整理する手助けをしてあげる。

それを目の前に出してあげると、「ああそうか、こういうことだったのか」と意識がクリアになって、「どうしたらいいかが明確になったよ」と感謝されたりした。

これは、相手のクリアになっていない脳みその代わりに、私の脳みそで考えてあげたということだ。私はただ聞いて整理しただけだが、当事者は意外とそれができないことがある。主観が入り、感情がまじり、糸がこんがらがったような状態になってしまっているのだ。

会話は、聞く側も話す側も、可視化できてはじめて理解が成立する。要点をメモする、キーワードを羅列する、優先順位を整理する、それらを構造的に図化する、こういった作業をすることで意識は非常にクリアになる。

対話や会議をしながら、人の言ったことを書いて図にしていく「マッピング・コミユニケーション」という発想は、こうした経験に基づいて生まれたものだった。

マッピング・コミュニケーションのレッスン

紙の上に互いの意識を書き出して、それを図化して構造化していくのが「マッピング・コミュニケーション」だ。四、五人でもいいし、二人の対話でもいい。真ん中にB4かA3サイズくらいの大きめの紙を置いて、話す中から出てきたアイディアをどんどん書き込んでいく。

会議や打ち合わせには、必ずテーマがある。はじめに、いま何を求められて会議をしているのか、リクエストをキーワードで真ん中に書き込む。そのうえで、「ではどうするか」を話し合い、出てきたアイディアを次々書き込んでいく。その案で懸念《けねん》されること、矛盾することも書いていく。その紙を意識の展開図だと考え、脳の中の意識をその場で広げていく。

影響すること、矛盾すること、錯綜《さくそう》することを矢印でつなぐと、みんなの意識が同じ志向性をもつので、話が逆走したり堂々巡りになったりしにくい。紙を使わないでディスカッションしていると雲をつかむような話になってしまうことも、真ん中に紙を置いて書くだけで具体的な方向に向かっていく。

会議なら、これをホワイトボードでやる手もある。

こうしたブレイン・ストーミング的話し合いの基本ルールは、どんな意見もその場で言下に否定しないこと。すべて一旦組上《そじょう》に載《の》せる。質より量と考える。小さなことでもいいので、たくさんの気づきが出てくることが大事なのだ。

こういうトレーニングを普段からしていると、意識の流れがよくなる。

言語能力、語彙力の重要性

言語化する行為がいかに意識の拡大につながるかを考えたとき、言葉の柔軟な運用能力というものが非常に大事だとわかるだろう。

私たちは普段あまり意識していないが、言葉を漢字仮名交《ま》じり文に変換して話したり聞いたりしている。

たとえば、アナウンサーが「感染の拡大が懸念されて防止策がとられようとしています」という言葉を伝えたとき、みんなそれを音声として聞いていると思っているが、じつは瞬間的に漢字仮名交じり文にして受けとっている。「懸念」の言葉の意味を知り、漢字がおぼろげにでも浮かぶから何を言っているのかわかるのであって、小学校低学年の子どもにはわからない。

人の苗字や名前を初めて聞いたとき、「どういう漢字を書くの?」とつい聞きたくなるのも、漢字のほうが覚えやすく、イメージが湧きやすいからだ。

それが日本語の特性だ。つまり日本人の言語能力、語彙《ごい》力といったとき、それは活字文化と密接な関連性があって、たとえば本を全然読まない、新聞も読まない、活字をほとんど読まない人は、語彙力が豊かにならない。

漢字の読み書きが得意ではなくても会話はできるが、やはり聞いたり話したりする言語水準が低くならざるをえない。

「マジ、すげえ」「ヤベェ」みたいな言葉ばかり使っていて、自分の状況や感情を表現するのが五〇語以内の語彙でおさまってしまうような会話をする人がいるが、言葉が足りない人は意識の幅も狭い、広がっていかない。

自分のもっている語彙力以上の会話はけっしてできない。自分の思いを的確な言葉に置き換えることもできないし、言葉によって自分と他者との感情のギャップ、意思の齟齬《そご》を埋めることもできない。

言語能力が低い、語彙力の乏《とぼ》しい人が怒りっぽかったり、キレやすかったり、感情をぶつけることになりやすいのは、自分の意識と言葉が自由にならないもどかしさが原因でもある。

だから私は本を読もう、質のいい言葉にたくさん触れようと言うのである。

自分と異なった価値観、離れた世代の人から何かを学びたい、交流したいと願ったとき、彼らと意識を交換させていくのに、語彙が豊富であることは大きな武器になる。

Ⅳ章

他者を受け入れるレッスン

1　人とつながる

つながっていたいのか、いたくないのか

いまの若い世代は「つながり」という言葉が好きだ。

しかし、彼らが言う「つながり」には、とても不思議な響きがある。独りぼっちになりたくなくて、自分を認めてもらいたくて、メールやSNSでつながろう、つながろうとしている。だが、相手と接触して意識を交わし合うことよりも、コミュニケーションしている自己に意識がかかずらっているように思われるのだ。

コミュニケーションは本来それ自体が目的ではない。意味や感情をやりとりすることで、相手とのあいだに信頼関係ができること、それによって良好な、あるいは有益な関係が結ばれることにある。

コミュニケーションすることそのものが主になって、無機的なものに向かって自分を出し、そこを媒介《ばいかい》にして相手とつながるような関係、日常生活の中のかなりの時間

を、つながるために費やしている状況というのはどこかおかしい。

相手と向き合っていないことは、一緒にいるのに互いに相手の顔を見ず、携帯メールでやりとりをしている光景にもよく表れている。どうしてこんな本末転倒なことになってしまったのだろうか。

その背景には、身体的な接触や心情的な関わり合いが煩わしいという気持ちがあるのだと思う。

人付き合いには、豊富な意識の量を必要とする。恋愛ともなれば、気にしなければならないことは山ほどある。相手は自分をどう思っているのだろうか、この言葉を喜ぶだろうか、この行動を受け入れてくれるだろうか。自分はどうしたいのか、相手はどうしてほしいのか、意識を大量にやりとりしなければならない。

日ごろからたくさんの意識を張り巡らし、人と意識をやりとりし慣れている人にとっては負担でないことも、それをしていない人にとってはとてもハードルが高い。重荷になる。そこで、恋愛が面倒くさいと言いだす人まで出てきてしまった。

友人との交流にしても、会って話すところにはたくさんの意識のやりとりを必要とするが、電話で話すのであればそれほどではない。メールであれば、意識の消費量をもっと省力化《しょうりょくか》してしまえる。

つまり、意識の量をどんどん省エネモードにして関わりを薄くしながら、一方でつながり、つながりと言ってコミュニケーション・ツールに張りついている、それが今日のありようだ。

本当に人とつながりたいのであるならば、意識量を出し惜しみしないこと。そして、もっとからだで関わりをもつようにすることだ。

コミュニケーションとは意識を交換するもの

小さい頃から身体的接触が多い環境で育つと、まわりと触れ合うという意識をもちやすい。

昭和の時代と現代の子どもたちの置かれた環境を考えてもよくわかる。

かつての日本社会は、おんぶや抱っこをしたり、添《そ》い寝《ね》で寝かしつけたり、家族で一緒にお風呂に入ったり、ほとんど身体的な接触で一日が成り立っていた。遊びも、おしくらまんじゅうのように揉《も》み合ってくんずほぐれつするようなことが多く、つねにまわりの人と触れ合って育っていた。

動物の赤ちゃんもよくじゃれあって遊ぶが、人間もじゃれあって他の人のからだと自分のからだがからみ、もつれ、形が入れ替わり、変幻自在《へんげんじざい》に形を変えてどっちがどっちかわからないような混ざり合う感覚をおもしろがるのが自然なことだった。たとえば、昭和三〇年代の少年たちは、普通に遊びで相撲をとっていた。それが、自分と他者との境界感覚の土台になっていた。

いまはそれが少ない。きょうだいも少ない。

身体的触れ合いの経験知が、いまはものすごく少ないのだ。からだが接触することが触れ合うことの原点だということが忘れられてしまっている。

現代社会が突然、コミュニケーションを強く要求する社会になったわけではない。そこに生きる人間のほうに、相手のからだや心と触れ合い、寄り添う意識の習慣の蓄積が少なくなってしまった。それが人の不安をあおったり、不信感に結びついたりしている。

コミュニケーションとは、意識を交換するものだ。意識は、交換するところに価値がある。貨幣みたいなもので、有効に使ってこそ意味がある。

閉じた空間で、「コミュニケーションのためのコミュニケーション作業」に時間とエネルギーを浪費するのではなく、開かれたところで、意識を交換できる相手を増やすことが大事だ。

相手との距離感

他人のからだをさっと感じる感覚を身につけている人は、相手が自分を苦手にしているなとか、どうもこのところ避《さ》けたがっているな、というのがよくわかる。端的に表れるのが、目を合わせようとしない、表情が硬《かた》い、そして距離をとろうとするといった行動だ。

たとえば、上司を苦手だと感じている部下は、会議の席もなるべく離れたところにすわろうとする。飲み会であればなおさらだ。できるだけ遠くにすわり、接触がありそませんように、と念じている。

しかし部下の様子からそんなことはお見通しの上司は、「こいつはちょっとまずい状態にあるな」と見て、「おい、あれ、どうなってる?」などと声をかけたりする。

普通、自分に対して閉じている人の意識を開いて関わりをもとうとするのは面倒なことだ。放っておいたほうがはるかにラクである。

にもかかわらず、あえて声かけしてくれることをうっとおしいと思わないほうがいい。むしろ自分に声かけしてくれる上司でよかった、目配りしてくれる上司でラッキーだったと考えるべきである。

苦手な上司との関係を変えたかったら、距離を置こうとするのではなく、逆に自分から近づいていく。たとえば、会議でその上司と対極の位置にすわっていたのであれば、すわる位置をもう少し近づけてみる。あるいは、自分から何か質問をしてみる。駅で姿を見かけたら気づかぬふりをするのでなくて、自分から近づいていって「おはようございます」と挨拶する。自分を開いていくように心がける。

そうやって距離感を縮めていくと、それに対して「感じの悪いやつだなあ」と悪く思う上司はいない。

苦手意識のある相手こそ、避けるのではなく近づいていく。苦手を克服するにはこのやり方が一番有効だ。

部署に八人のメンバーがいたとして、誰が誰に対して開いているのか閉じているのかが人の表情や態度から汲《く》みとれるようになると、職場の人間関係の見晴らしがよくなる。人間関係で危ない地雷《じらい》を踏んでしまうミスをおかすことも減る。


視点入れ替え「なりきり自己紹介」レッスン

複数の人間が集まれば、対人コミュニケーションのレッスンができる。

対人コミュニケーショントレーニングには、演劇のワークショップ技法が役に立つ。

舞台に立つ人は、舞台の上から観客に「伝える」ことが仕事である。舞台上では、普通の生活と同じ意識量で台詞《せりふ》を言ったり、身振り手振りをしただけでは、まったく何も伝わらない。少しでも多くの「意識」を観客に届けるために、意識を開いたり高めたり深めたりするさまざまな身体的トレーニングを積む。

そういった演劇ワークショップのメソッドもまじえながら、対人意識、場の意識を身につけるためのレッスンを紹介していこう。

たとえば、一面的視点に捉われず、相手の立場になって配慮できるようになるために学生にやってもらうのは、「なりきり自己紹介」レッスン。

まず、AさんにBさんがインタビューする。その後、Aさんのことを知ったBさんは、今度は自分がAさんになりきって自己紹介する。

次にBさんはCさんからインタビューされる立場になり、CさんはBさんから聞いたことをもとに、Bさんになりきって自己紹介する。

こうやってインタビューする立場とされる立場を両方味わう。

自分が聞いた話を伝聞としてみんなに伝えるのではなく、当人になりきって伝えるには、聞いたことをそのまま言うわけにはいかない。立ち位置を一八〇度変えなければいけない。

また、自分の話したことを相手がどう受けとめたか、どんなふうに自分になりきって話しているかを見ることで、自分という人間は客観的にどう見られているかを知ることになる。「ええっ?　私は人からこんなふうに見えてるの?」とショックを受ける人もいる。

「そんなこと言ってないのに」と文句を言う人もいる。聞く側の人の理解力の問題もあるが、自分の言ったことが相手に正確に伝わっていないのであれば、次からは自分も言い方を変える努力をしなければいけない。

これはまさに立場や視点を変えて、他者を自分の中に取り込んでいく練習になる。

同調エネルギーはモチベーションを上げる

人と話をするときのマナーとして、社会に出る前にぜひ身につけておきたいこと。

・目を見る
・微笑む
・うなずく
・相槌を打つ

私はこれをあちこちで繰り返し言っている。

ずいぶん浸透《しんとう》してきたかと思っているが、それでもまだ、話を聞きに来たのにこちらの目を見ようとしない人はいるし、聞いているのかいないのか、お地蔵さんのように固まって微動だにしない人もいる。

微笑んだりうなずいたりすることを、追従《ついしょう》やご機嫌《きげん》取りの行動だと思っている人もいるのかもしれない。あるいは「同調圧力《どうちょうあつりょく》」といった言葉もあるように、同調することにネガティブなイメージをもっている人もいるのかもしれない。

もちろん、なれ合いだけの同調は、私が最も嫌うところのものであるが、独立した個人が社会力を発揮しながら支え合っていく現場では、同調がリズムを生み、場の活力を作り出す。

うなずいたり相槌を打ったりするのは、他者の意識を自分に移し替えていく作業だ。自分の意識と他者の意識がつながって、意識の水路が開かれ、他者の意識がこちらに流れ込んでくる。相手を受容することで、理解が進むということもある。

同調をからだで示すアクションには、

・拍手する

・ハイタッチする
・握手する
・ハグする
などがある。ハグは日本人にはやや抵抗があり、いきなりされた相手も困惑するだろうから私もやらないが、拍手、ハイタッチは私の授業ではうなずきと同様、対人ルールに設定している。

バレーボールでは、成功してもミスしてもチームのメンバー同士で手をパンパンと触れ合わせる。成功したときには喜びを分かち合い、失敗したときにはそれをふっきるエールを送っているような感じだ。六人が一つのからだのようにうまく同調しなければならない。だから頻繁に声をかけ合い、手を触れ合う。

ラグビーもチームが一つのからだになることが要求されるスポーツだ。一五人が一つの生命体のように同調して動く。強いチームはその連動が美しい。

チームが一つのからだのように動くためには、他の人間がどういう意識でどう動こうとしているのかをからだで察知していくことが必要だ。見て考えて動こうとしたのでは遅い。誰がどう動くだろうから自分はこう動けばいいと判断し、瞬時にフォローに回る。

そういう補い合える感覚はスポーツのことだけではない。一緒に仕事をしていると非常に頼りになる。全体のモチベーションを上げる。

野球やサッカーの会場で、客席が一体になってウエーブをやることがあるが、何万人かが一つの波になる。その場にいて、ウエーブの一つのピースになることはとても気持ちが高揚《こうよう》する。私たちは自己表現として一人で何かを表現することもおもしろいが、大きなものの一部になって作り上げることも楽しいと感じる。

相手に同調できる、連動して動けるということは、快感の一つなのだ。

まわりと呼吸を合わせるレッスン

大勢で音読をするときに、私は「みんなでリレー音読をやってみよう」と言うことがある。

一つの文章を、一人が通して音読するのではなく、次の人へ、次の人へとパスしていく。文章の段落ごとでチェンジするのは簡単だからやらない。一文ずつチェンジしていく。ひとことだけの短い文章も、何行にもわたる長い文章も、一文は一文として句点で次の人に代わる。

ポイントは間《ま》を置かないこと。一人で読み通しているときと同じようにスムーズに続けていくことだ。それには、前の人と呼吸を合わせていないといけない。自分の番が来たら反応して声を出すのではなく、前の人の読みと呼吸を合わせて、そのペースをそのまま引き継ぐようにしないと、すみやかなリレーにならない。

これができたら、次は読点チェンジ。句読点ごとでどんどんパスしていく。

これをやると、一緒にやったみんなの呼吸のリズムが合ってくる。目は文字を追いながら、いま誰が声を出しているかを見聞きし、場のみんなのリズムと同じペースのからだになって、一つの作業を続けていく。音読もこういうかたちでやると、まわりの人に対する意識の線の張り方のトレーニングになる。

同じようなことをゲーム感覚でやるのが、飲み会などでよくやる「牛《ぎゅう》タンゲーム」。みんなで円になって「牛タン、牛タン、牛タンタン」をまわしていく。「牛」は声を出す、「タン」は声は出さずに手をたたく。最初の人が「牛」と言ったら、二番目の人は黙って「タン」、三番目の人はまた「牛」と言い、四番目の人は手で「タン」。リズムを崩さないようにするには、みんなを見ながら呼吸を合わせてやることだ。

舞台演出家の鴻上尚史《こうかみしょうじ》さんは、『表現力のレッスン』（講談社）で、お互いのからだの息を合わせる「立ち上がりレッスン」を紹介している。

二人で床にすわり、目をつむる。片手を出し、それぞれ人差し指の先で、一本の割り箸《ばし》の両端を支える。しっかりもっていないから、割り箸はぐらぐら揺れる不安定な状態だ。その状態から、割り箸を落とさないように注意しながら立ち上がる。立ち上がることができたら、今度はからだ全体を使って、割り箸を上下左右、いろいろな位置に動かしてみる。

自分のほうで勝手に力を入れすぎたり、相手の動きを察知しないままでいると、割り箸は下に落ちてしまう。指先に相手のからだを感じつつ、自分のからだの動きと合わせてゆくレッスンだ。

同じく演出家の野田秀樹《のだひでき》さんのメソッドでは、さらに一メートルくらいの長い棒を使ってやっているのを見たことがある。二人、三人、四人、と棒を支える人数を増やしていくと、動きも複雑になり、他の人のからだのリズムを感じ取るのも難しくなる。

これは、リレー音読や牛タンゲーム以上にまわりへの意識を細やかにしなければいけない。それぞれの意識の張り巡らし方がよくわかるので、就職試験の面接でも、こういうテストを取り入れてみたらおもしろいのではないだろうか。

意識の線が飛び交い、盛り上がる会議レッスン

会議のやり方を変えようというセミナーで、山手線ゲームの要領でゲームをやってもらったことがある。

一〇人くらいで円になって、チャンチャンと手を二回打って「〇〇さん」と言う。自分の名前を呼ばれた人はまた、みんなでチャンチャンと手を打っているあいだに誰かの名前を言う。

「チャンチャン、〇〇さん」「チャンチャン、△△さん」と、これを三分やるだけで、全員の名前が覚えられる。

それだけでなく、場に和気あいあいとした空気が流れ、その後のディスカッションが活気づく。名前を呼ぶ、呼ばれる、一緒に手をたたきゲームをつなぐには、みんなでリズムを合わせる。すべて意識のやりとりだ。

手元に座席表のメモをつくり、全員の名前を書き込む。

会議で発言をするときには、必ず誰かの名前を発言の中に入れる。そしてメモに誰の名前を言ったかチェックしておく。

「いま○○さんがおっしゃったことに僕も賛成です」

「先ほど△△さんはこんなふうに言っておられましたが、この点についてはいかがお考えですか？」

誰かの名前を言うときには、相手の目を必ず見る。

これは本当の会議ではなく、会議レッスンなので、見解が一致しているかどうかよりも、全員の名前を呼べて、全員と目を合わせることができたかどうかが大事。

一人の意見が終わったらみんなで拍手する。いいアイディアが出たり、全員の意見が一致したりしたら、左右の人とハイタッチをする。

最後は全員とハイタッチ、「おつかれさまでした!」とみんなで拍手して締めくくる。こういうディスカッションをやると実に場がいきいきとし、終わった後も爽快感がある。

会議が終わった後にドッと疲れが出るのは、充実した会議のときよりも、みんなの意識が流れるべき方向に流れていかないドヨンと淀んだ会議のほうだ。エネルギーを不毛《ふもう》に消費してしまった徒労《とろう》感が残る。

フッサールという現象学者は、「意識には志向《しこう》性がある」と言った。志向性とは、どこかに向かっていく、という意味である。意識は必ずどこかの方向、対象に向かっていくものだ。みんなの意識が志向性をもち、うまく流れる会議は、疲れも少ない。

即興的グループづくりレッスン

よく、即興《そっきょう》的にグループをつくりかえるレッスンをやってもらう。小学生でも、大学生でも、社会人でもやる。体育館や、テーブルや椅子を片づけた会議室など、広いスペースで人が移動しやすい場所がいい。

「では皆さん、いろいろなグループを組み替えてのゲームをやります。まずは四人一組のグループをつくり、グループができたところからすわってください」と言う。

「盛り上げ会議」でやったゲームのようなことをやり、メンバーチェンジ。

「はい、こんどは七人グループをつくってください」と指示する。

そしてちょっとゲームをやって、こんどは三人、こんどは一一人などといろいろなグループ編成を行う。

四人の後、八人になるなら簡単だが、七人だと誰かが抜けないといけない。「どうする？　どうする？」と互いに見合っているような状況になる。そこで自分がさっと抜けられる人は、対人意識レベルが高い。自分のことよりも他者を尊重できる。

小学生でも、すっと抜けられる子がいる。結果としてその子があぶれることになったりしても、それは美しいあぶれ方だ。当人も自発的にそれをやっているので、いじけたりしない。「誰か僕のところへ来ないの〜？」と笑ったりしている。

何回かやっていると、世話人のような人が出てくる。自分のグループのことだけでなく、まわりを見回して「あそこ、何人いるよ」「ほら、こっちと一緒になればいい」

などと良心的お節介《せっかい》を焼く。

中には、一人になるのが怖くて、友だちと絶対に離れようとしないケースもある。意識が固着《こちゃく》しやすい人だ。だが、私が組みにくい人数ばかりを言うので、どこかで分かれないといけない。

理想的なのは、その前のグループを念頭《ねんとう》に置いて考えるのでなく、毎回まっさらにしてスタートする意識だ。一回一回「個」に戻る。

「1→4→7→3→11」と、集合体の構成人員が変動すると考えるのでなく、「1→4→1→7→1→3→1→11」と、つねに「個」として動こうとする。一人が四人組の一員になり、そしてまた一人に戻る。そして七人組みの一員になり、また一人に戻り、三人組の一員になり……と、「個」単位でいたほうが、フレキシブルに迅速に動ける。

これがチームの一員として場に即応していく秘訣だ。

パーティ人脈づくりレッスン

日本人はパーティでのふるまい方がヘタだ。なかなか自然に見知らぬ人と関わっていくことができない。社会に出たらパーティに出席する機会も増える。そういう場でのふるまい方を練習しておこうと、なりきり自己紹介の応用バージョンをやることがある。

こんどは相手になりきるのではなく、相手のことを別の人に紹介する。

四人一組になり、A１、A２、B１、B２と、それぞれ役割を決める。

まず、A１とA２の人がインタビューをして互いに相手のことを知る。B１とB２の人も同様だ。

そして、A１とB１の人がパーティで初めて会ったというシチュエーションにする。お互いに交流をし、A１はB１にA２の人のことを紹介する。B１はA１にB２の人の話をする。すると、A１とB１の人は、その場でA２、B２の人のことを知ることになる。

次に四人揃って、A１の人はB１の人とA２の人を引き合わせる。B１はA１とB

2の人を引き合わせる。

パーティで知らない人同士を紹介し、人と人を結び合わせる練習をすると、意識がどんどん開かれていく。

成功して活躍している人はみんなこうしたことを自然にやっている。そうやって人脈をどんどん増やし、「じゃあ、こんど一緒にゴルフに行きましょう」とか何しましょうと、関わり合いを濃くしていく。

こういうレッスンをやると、どうやったら人と人を結び合わせることができるんだろうかという目を普段からもつようになる。

たとえば、アルバイトに行っても知らない人と話す機会もないまま帰ってきてしまうのではなくて、ちょっと声をかけて知り合いを増やそうかなという意識になっていく。

つながるとは、こういうことを言うのである。

2　他動性を味方につける

フックにかけて保留する　「泳がせておく」

忙しい毎日の中で、複数の仕事を同時進行させるためには、意識にとどめておく項目の数を増やすことが大事だ。一〇〇個、二〇〇個、一〇〇〇個と、懸案《けんあん》事項を引っかけるフックを頭や心の中に多くしていく。懸案事項がいくつ並行的にあっても処理できるようにするためには、「保留《ほりゅう》しておける」ことがカギになる。

懸案事項はもちろん解決していくことが前提だが、そのときに、一つのことをやっていたから他のことは考えられなかったとか、「ああ、あれ忘れてた」というのではなく、つねに並行して気にかけておく。これはいまこういう状態になっていて、こっちはこういう状態で、ということをそれぞれ把握したうえで、これも保留しておける、これも保留しておける、これも保留しておける、という「耐性《たいせい》」をもつことが必要なのである。

刑事ドラマを見ていると、たいてい若い刑事が勢い込んで、「どうしますか？　やつをしょっぴきますか？」などと言う。するとベテラン刑事が「いや待て、少し泳がせておこう」と答える。

あれは非常にわかりやすいシーンだと思うのだが、若手は早くこの事件を解決したいという意識が強い。一刻も早く白黒つけたい。ところがベテランになると、もう少し保留して、犯人が自分からボロを出す瞬間を待とうとする。結果的にはそのほうが解決につながりやすいと判断するからだ。もちろん犯人を放置するわけではない。目は光らせておく。それが「泳がせておく」状態だ。

泳がせておくほうがじつは大変だ。また事件を起こさないか、その気配がないかをつねに注意していなければならない。しかも、その期間が一週間なのか、一年になるのかもわからない。犯罪の質や犯人の性格、状況によって対応もケースバイケースで変わる。経験知の低い人はそれに疲れてしまう。

事件解決だけでなく、さまざまな物事も「泳がせておく」ほうがいいことがけっこうある。白でもなく黒でもなく、いわばグレーゾーンのまま保留し、そういう状態のものをたくさん抱えておいて、あるところに来たら、一気呵成《いっきかせい》に問題解決に向かう。

物事をすぐに決着させるのではなくて保留しておくには、長いスパンで考え、臨機応変な対応をするための堪《こら》え性《しょう》というか、ストレス耐性のようなものがなければならない。単純に決めつけないことだ。

「絶対」なことなんかない

「『これしかない』ときみたちはよく言うけど、『これしかない』なんてことはこの世の中には何もないいんだよ」

私は学生によく言う。

若者は、絶対的な決めつけ言葉が好きだ。「絶対これだ」とか「一〇〇パーこれだ」とか、狭いところで限定してしまうことが多い。

こういった決めつけ思考は、「もうこれしか考えられない、他の方法はない」という思い詰めたところに突き進んでいく。だがそれが明るいいい結果をもたらすことはほとんどない。短絡《たんらく》思考の行きつく果てはたいてい悲劇的展開だ。

極端な例が自殺で、もう死ぬしかないという思考にはまっていってしまう。思い詰めることは行き詰まることで、すなわち息詰まることだ。

並行的に物事を進める練習を課題にすると、すぐにパンクしてしまう若い人が増えている。そして何かトラブルになると、「じゃ、辞めればいいんでしょう」的なことになってしまう。社会の任務や仕事に、自分が辞めればそれで片がつくような問題はない。誰かが誰かに取って代わるだけだ。

そして社会人としての信用度の星印が、見えないかたちでつけられる。使える人はどんどん重用され、使えない人は「あいつはちょっと……」と敬遠される。そこにどんどん差がついていく。

一つのことに捉われて、思い詰めない。オール・オア・ナッシングの思考様式に陥《おちい》らない。他の可能性を排除しない。

保留する。意識が一つのところに固着しないよう、フックに引っかけて置いておくことを心がける。それに対応していくのが社会経験を積むということだ。

大人になってくると、「絶対なんていうものはない」ことがどんどんわかってくる。

状況には絶対に決まりきったことなどなくて、絶えず変化していく。いまこのタイミングにベストだと思ったことも、明日になれば変わっている。解は一つだけではない。

相談は自分より経験知の多い人にする

行き詰まってしまったら誰かに相談するといい、とよく言う。そこで若い人がミスしてしまいがちなのが、自分の悩みを一番話しやすい相手、友だちに相談してしまうことだ。

友だちは自分と同年輩で、経験知も似たり寄ったりだ。そういう相手に相談したらどうなるか。

先ほどの刑事の例で言えば、若手刑事が二人でコンビを組むようなもので、「しょっぴきますか?」「ええ、しょっぴきましょうか」と言ってそのまま動いてしまうようなことになりかねない。

しかも友だちは、自分の気持ちをわかってくれるから友だちなのだ。価値観や考え方も近い場合が多い。つまり、似た視点で判断する。

会社でこういうことがあって、こんなにつらい状況だと言えば、「そうだよね、わかるわかる。そんな会社辞めちゃったほうがいいよ」と答えが返ってくることも多いだろう。同調はエネルギーになるという話をしたが、こういう場面でも同調されると励まされた気がしてしまうものだ。

相談は、そのことについて自分よりも経験知の多い人、そのことについて自分よりも上手な人にすべきである。年齢は関係ない。たとえ自分よりも年下でも、そのことについて自分よりも経験を積んでいて、自分よりもうまいなら、頼りになる相談相手になるはずだ。

実際、アマチュア・ゴルファーはゴルフ番組やゴルフ雑誌を見ながら、石川遼選手のアドバイスを一生懸命聞こうとしている。いいプレーをするということにおいて、遼選手は自分よりも経験知も高く、うまいのがわかっているからだ。

相談というのは慰めてもらうためのものではない。よりよい判断ができるようにサジェスションしてもらうことだ。そのことによって、意識を広げられなければ意味がないと思う。

もし、相談して自分が考えていたことと違うことをアドバイスされたら、そう考える理由をしっかり聞く。なぜそうしたほうがいいのかを知ることが、自分の世界を広げていくことになる。

気になることにタグを付ける

デザイナーの佐藤可士和《さとうかしわ》さんが『佐藤可士和のクリエイティブシンキング』（日本経済新聞出版社）という本で、「気になることにタグを付ける」と言っている。

普通なら全く関連のないようなことを、僕はしばしば結びつけて記憶しています。僕の仕事では「どんな視点を提示したら、今までにない新たな価値を創り出せるか」ということが非常に重要なため、常にさまざまな視点からものを見るようにしているからです。

経験したことに、いろいろなタグを付けて脳にインプットしておく。タグとは、ジャンルやカテゴリーを識別するための付箋とか荷札の意味で、蓄積したものはこのタグによって記憶や体験からアウトプットしていくという。

トレーニングのコツとしては、気になるものに出会ったら、積極的にいろいろなタグを付けてみることです。……〝タグ＝モノの見方〟と捉えて、多方向から分析してみるのです。特に何に使おうと決めずに、とにかく意識的に行っているうちに、イメージの引き出しがだんだんと増えていくでしょう。ブログでも、よりたくさんのタグを付けておくことで、そのテーマに関心のある人がＰＣ上で検索した際、記事を読みにきてくれる確率が高くなります。

佐藤さんは、好きなものだけではなく、嫌いだと思うものに関しても、これをやるのだそうだ。

嫌いなものや興味のないことに関しては、つい遠ざけたくなってしまうために、なかなか自分の意識の中に入ってこないものです。嫌いな理由を深く考えたり、興味のないことに向き合ったりするのは非常に難しく、「生理的に受け付けないから」と、一言で片付けてしまいがちです。しかし、そこをあえて考えてみることで、より高度なトレーニングができます。

これは佐藤可士和流の意識の量を増やすレッスンだ。

人からいいと言われたことはやってみる

大学で正しいペンのもち方を練習させることがある。教師になって生徒の前で黒板に字を書かなくてはならないのに、妙なペンのもち方をしている学生がけっこういるからだ。

たくさんの「型」で成り立つ礼儀作法には、必ずその型の意味がある。そうしたほうがいい理由がある。同じように、ペンのもち方にも型の意味がある。大量に書いても疲れない、姿勢にもへんな影響がない、そういった先人たちの知恵が凝縮されて、いまのようなもち方ができている。教師がそれができていないようでは、子どもたちに指導ができない。

クセを直すことにも、その人の意識が顕《あら》わになる。注意したそのときだけはあわてて直すけれど、一人のときにはまたいつものもち方に戻ってしまう人。ずっと意識をしつづけて直そうと心がける人。断続的でもそれを繰り返そうとする人はまだ直せる。

根本的に「ペンのもち方なんてどうだっていいじゃないか」という意識の人はまず直らない。

「とりあえずこれやってみたらどうだ」と言っても、やらないことが多い。とりあえずやってみる。自分のそれまでのやり方を修正してみる、変えていくことへの意識が低い。

いいと言われたことをとりあえずやってみようとする人は見込みがある。

これも、自分よりそのことにうまい人の言うことをきくことだ。自分よりヘタな人の「これ、いいよ」はあてにならない。

Ⅴ章

自意識の罠から逃れよ

1　自意識メタボは危険信号

自意識の落とし穴

意識を語るときに避けては通れない大きな壁の一つが、「自意識」の問題である。意識の量が足りていない人たちの多くの原因がここに起因《きいん》している。

誰しもある程度の自意識はもっている。自意識があるから、自己肯定感に根ざした自信をもてる。ところが、自分が他人からどう見られているかを気にしすぎ、そこにばかり意識が向かう「自意識過多《かた》」状態に陥ってしまう人が増えている。

意識は本来、用水路のように、鉄道ダイヤのように、縦横無尽《じゅうおうむじん》に張り巡らされ、つねに流動しているのが望ましいものなのだが、意識が自分のことに固着してしまう。流れていくべきものが流れない状態だから、なにより自分自身が息苦しい。同時に、社会に適応しづらくなる。そして閉塞感にさいなまれるという回路に陥る。

こんな自意識の落とし穴にはまってしまう人が、いま増殖《ぞうしょく》の一途をたどっている。

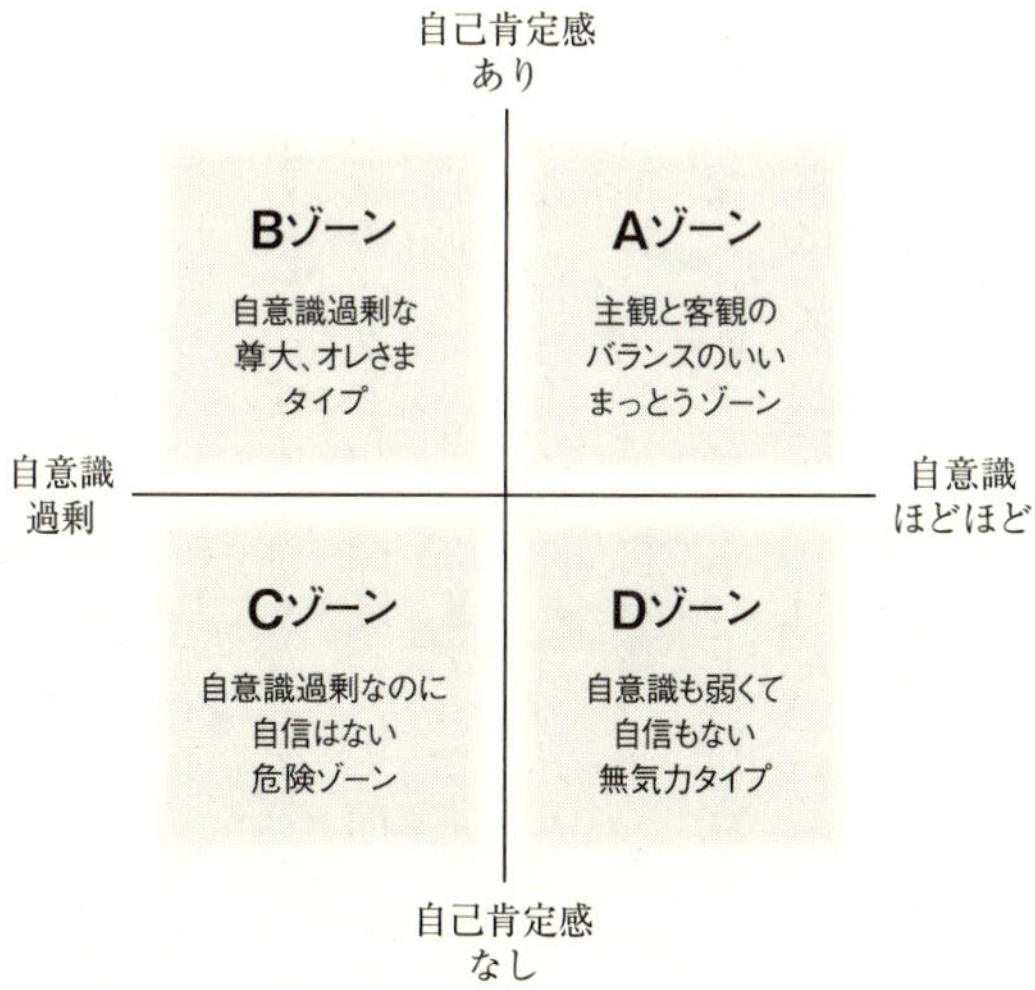

自意識の多少を横軸に、自己肯定感の強弱を縦軸にしたのがこの図だ。

自意識の落とし穴にはまりやすいのは、B、Cゾーンである。

Aゾーンの人は、自意識の占める比率が大きすぎず、自己肯定感を強くもっている。こういう状態だと、自分を客観的に見つめることができるから、正しい自信や自己認識がもて、社会生活を普通に営《いとな》んでいける。

Bゾーンは、自己肯定感も強いが、自意識も強いという自意識過剰系、「オレさま」系の尊大な自信家タイプ。強そうに見えるのだが、自分の思い込みと社会認識とのギャップが大きいと、意外にぽっきり心が折れてしまう。客観的な方向に意識がもっと開かれていくと、バランスがよくなる。

Cゾーンは、自意識は強いが自己肯定感がないため、周囲の目、人の評価ばかりを気にしてしまう。心が折れやすく、負のスパイラルに陥りやすい危険ゾーンだ。殻《から》から抜け出すのが怖くなってどんどん人との接触を避けるようになったり、固着した意識のベクトルが間違った方向に向かって暴発してしまったりすることもある。このゾーンの人が自分にこだわりすぎないようにするためには、まず自己肯定感をつけること。自己否定回路に逃げ込んでしまわないようにすることが肝心だ。

そしてDゾーンは、自意識は強くないものの自己肯定感もない。つまり意識の絶対量が少ない状態でふわふわと無自覚に生きている。自己肯定感による自信がもてないと、物事に意欲的に取り組んでいくことがむずかしい。無気力、無関心につながる。この手のタイプは多くないが、とにかく意識の絶対量を増やしていく必要がある。

意識の固着は危険信号

自意識の落とし穴の一つの典型が、「意識の固着」だ。何をしていても意識の回路がそこに戻ってしまう。自意識が強すぎると、自分のイメージばかり気にして、まわりのことが見えにくくなりやすい。

会議をしていても、これを感じる人がいる。「こういう理由で、この案はないね」という話をしてみんなの意識は次の策へと移っていっているのに、「やっぱりこれしかないんじゃないですか」と話を引き戻そうとする。自分の出したアイディアだからだ。いろいろな案を検討した結果、議論が一周して再びその案が浮上するということはあるが、そうではなくて、あくまでも一つの考え方に固執《こしつ》してそこから離れられない。

こういう人は「これしかない」とか「絶対にこれだ」と断言的な物言いをすることが多い。

スヌーピーに出てくるライナスは、お気に入りの毛布をいつも手離さない。ライナスの毛布への執着も、一種の意識の固着だ。幼児にはああいったことがよくある。だが、成長の過程で自然と手離せる時期が訪れる。

ライナスの場合は毛布をもっていれば安心する、それが心を落ち着かせるための装置になっているからいいが、固着した意識が負の装置となって、他者や社会への憎悪のようなかたちで噴出するのが一番怖い。

たとえば、それを過去のある一点に注ぎ込んでしまう人がいる。何年経ってもそのことを考えている。あのときあの人に言われた一言がどうしても許せないとか、あのとき自分が失敗したのはあいつのせいだとか、執念《しゅうねん》的意識をそこに積み重ね、それが心の中に石のように固まって、溶《と》かしようがなくなってしまう。そして恨《うら》み募《つの》ってついに凶行《きょうこう》に及んでしまう。そんな事件がしばしば起きる。

その人は自意識の中で、意識がぐるぐる回ってしまっている状態。自意識過剰にはまることで、外に向かうべき意識のエネルギーを膨大《ぼうだい》にロスしている。

先ほどの自意識と自己肯定感の図のどこのゾーンに自分は該当《がいとう》するか。物事を一面的に捉えて、意識が固着してしまう傾向はないか。自意識の落とし穴にはまっていないかどうかの自己判断の目安になる。

自尊心と自信の関係

海外と比較すると、日本の子どもたちは自尊《じそん》感情が薄いといわれてきた。

自尊感情（self-esteem）、自分を尊重する感情は、幼い頃に他者から肯定的な評価をされることで培われる。近年の「ほめて育てよう」という教育のあり方は、もっと自尊感情を養おうという目的に基づいている。

だが、自尊心や自信をつけていくプロセスが、そもそも西洋と日本では大きく違っていた。

昔の日本人は、何を学ぶにしても修業感覚をもって習熟《しゅうじゅく》し、それに上達して自信をつける領域を少しずつ増やしていくことで自己肯定していくというプロセスをたどっていた。修業の過程では「師」から怒られたり、厳しい評価を受けたりして、心身ともに揉まれていく。師のもとで上達するということは、自分のやり方にこだわる気持ちを捨てて師の教えを受け入れていくことだ。そうした中で他者を受容していくことの意味を知り、自尊心と自己肯定感のバランスを身につけた。

その点、西洋はまず自尊感情をつける。幼い段階から個性が大事だと言われ、自分を積極的に表現することが奨励《しょうれい》される。自分という存在はかけがえのないものだという感覚をシャワーのように浴びて、それに充たされ、心が安定していることが自信の礎《いしずえ》になるという考え方だ。

先に自尊感情をつけ、それから客観評価にさらしていく。このプロセスがうまく機能してきた背景には、キリスト教的宗教感覚も強く影響していたと思う。自分を大事にするように他者を大事にしなさい、慈《いつく》しみなさい、という発想で、自尊感情から自己肯定感が、そして他者受容の精神が身についていくという流れだ。

現代の日本の教育システムは西洋型になり、まずは自尊感情を定着させようということでやっているのだが、それがあまりうまくいっていない。なぜかというと、他者の客観的評価にさらされる機会が、教育の現場でどんどん少なくなっているためだ。

他者の評価にさらされるところでは、ショックなこともいろいろある、ときには痛い目にも遭う。だからこそ、そこで獲得したことが意味をもつ。

受験競争を全肯定するわけではないが、受験して合格して大学に入った人と、参入障壁を乗り越える体験をもたずになんとなく進学してきた人とでは、やはり自己肯定感が違う。

自分の力で乗り越えた体験は、過去のそれを達成していなかったときの自分といまの自分をつなぐものとして、自信の基盤になる。それを経験していない人は、そこに確たるものがないために、つねに誰かに認めてもらい、ほめてもらわないと不安でしようがない。人がプラスの評価をしてくれないことが異様に気になる。

客観評価にさらされずに自尊心、自尊感情だけが育ってしまうと、自己肯定感に根ざした本当の自信というものがもてない。そのために、自意識は過剰にあるが自己否定モードから抜け出せないというジレンマが起きてしまう。

自意識を肥え太らせない

かつての社会には、強く発現してしまう自意識を抑えられるようになるのが大人になることだという共通認識が定着していた。

思春期のある時期に自意識はとくに肥大化する。それを上手に飼《か》い馴《な》らせるようになるのが成長だと、少なくとも私が学生だった三〇年ほど前にはみんなが認識していた。

しかしいまは、成長・成熟すること自体が否定されているようなところがある。大人になんかならなくていい、社会とうまくコミットできなくたっていい、という感覚が増長している。

以前は、「そんなことを言っていたら社会で生きていけないぞ」と言われたものだが、いまは、自意識が肥大《ひだい》した状態で家に引きこもってしまっても、あるいは虚構空《きょこう》間にはまり込んでも、なんとか生きていける。自分の馴染《なじ》んだごく限られた世界の中で、わかっている人だけの世界、わかっている人たちだけの範囲で閉じた回路の中で、それなりに楽しく安穏《あんのん》と生きていくことができてしまう。

やはりそれは現実を生きているとは言えない。現実逃避しているだけだ。

自意識を飼い馴らすためには餌《えさ》も必要だ。が、過剰に餌を与えすぎて栄養過多にし、おまけに甘やかしてハードな刺激を与えないと、自意識は心の中でモンスターみたいな状態になっていく。自意識メタボ状態とでも言ったらいいだろうか。

からだのメタボがさまざまな病気を誘発しやすいように、「自意識メタボ」も社会生活にさまざまな弊害をもたらす一種の病癖《びょうへき》だ。

大学生の中にも、たまに自分の感情をコントロールできない学生がいて物議をかもす。まわりの学生が何をしたわけでもないのに、突然怒り出す。みんなに向かって「おまえらに俺の何がわかるんだ」と暴言《ぼうげん》を吐《は》いてしまったりする。

それは肥大した自意識に満足いくような反応が返ってこなかったことに対する、一種の逆ギレだ。自分を理解してほしい、評価してほしい、しかしそうならないことへのいらだちが、自分は簡単には理解されないぞ、といった気持ちとなってしまう幼稚な行動だ。自意識をまったく飼い馴らせていない。

2　習慣から自意識を乗り越える

「自意識は脇に置け」レッスン

知人の話によれば、昔は会社の飲み会などで「みんな裸になれ！　踊れ！」みたいなことをやらされることがけっこうあったという。

ばかばかしいことをやることで、自意識の鎧《よろい》を脱がされた。新入社員は「自意識は脇に置いとけ！」と言われて、自意識をはがす練習をした。「概念砕《くだ》き」である。

裸になって踊ってみせることで、自意識から離れる。もうこれ以上恥ずかしいことは何もない、と肚《はら》をすえることができると、失敗することも怖くなる。仕事に対して守りに入らずに攻めていける。なにより、自意識に回っていた意識を、他のことに有効活用できる。

いまはそんなことをやらせたら、たちまちパワハラだ、人権侵害だと問題になってしまう。

そんな荒療治《あらりょうじ》ではなく自意識に距離を置く練習ができないかと考えて、「図を入れてエッセイを書こう」というレッスンをやったことがある。

自意識過剰な学生がいた。エネルギッシュで、レポートなども一生懸命書いてくる。言いたいことがたくさんあるらしく、書いてくるものの分量も多い。だが、それがいつもマイ・ワールド炸裂《さくれつ》の文章だった。自分の思いだけが、自分にしかわからないような表現で綿々《めんめん》と続くものだから、発表してもみんな反応のしようがない。

そこで、文章の内容がよりわかりやすくなるような図を必ず入れながらエッセイを構成してみよう、という課題を出した。パワーポイントで作成するような図ではなく、手書きの図に限ると指定した。

すると、学生たちの書くものの雰囲気が変わった。「図で示す」必要があることで、書きたいことに対して少し距離を置くことができる。俯瞰する目をもてるようになる。みんな人にわかりやすく提示しようとする意識が出てきた。

件《くだん》の自意識過剰な学生も、文章だけで表現すると自分の世界に酔《よ》うところがあったのが、文章のトーンが変わった。「文章を書くことは自己表現と思っていたけれど、人にわかってもらえるような表現をすることが大切なんだということに気づきました」と言う。

書くものが変わると、日常生活の意識そのものも変わってきて、普段会話をしているときでも、まわりの人に受け入れられやすい話し方、ふるまい方ができるようになった。

自意識に捉われているかなと感じたら、まずはそんな自分に少し距離を置いてみることだ。

「これはちょっと離れて眺めてみたほうがいいんじゃない？」

「少し時間をおいて考えてみたほうがいいんじゃないか？」

そう考えてみる。

たとえば、人から届いたメールの内容がカチンと来るようなものだったとする。頭にきたと言って激情をぶつける返信をするのは幼い。

私は仕事の連絡などで「なんだ、これ？」という文面のものがあったら、その日一晩寝かせてみる。一日置くと、こちらの感情が時間を置いたことで冷めているので、前日感じたときほどの不快さではなくなっている。そういうことを書き送ってきた人に対しても、「きっと切羽《せっぱ》詰まっていたんだろう」などと思いを馳《は》せられるようになっている。

おもしろいもので、精神的な余裕ができると、「こういうふうにすれば、お互いに悪くはないんじゃないか」という方法も見つけ出せるようになる。

他者の意識を住まわせる

他者の意識を住まわせることによって、自分の限られた世界観に拘泥《こうでい》してしまう気持ちから離れ、意識量を増やす方法もある。

浅田次郎《あさだじろう》さんは、作家になろうと思ったときに、自分が気に入った文章を大量に筆写したそうだ。万年筆でひたすら原稿用紙に書き写す。パソコンでなく、原稿用紙に手書きするところがミソだ。

自分がいいなと思う文体、憧れる作家の書いたものを書き写すことで、その人の意識をなぞる。自分の身に深くしみ込ませることで、その文章のリズムや味わいが乗り移ってくる。

作家の古井由吉《ふるいよしきち》さんは、筆が進まないときには、「今日は音痴《おんち》だ」と感じると、対談のときにおっしゃっていた。文章なのに音痴というのがおもしろい。そんなときは、夏目漱石《なつめそうせき》を音読するという。漱石を音読するとうまくリズムが整うとおっしゃっている。

音読というのは漱石なら漱石の言葉のリズムをからだでトレースする、いわば意識と身体性を乗り移らせるようなものだ。

人の意識をトレースするというのは、人の意識に入り込む感覚をもつことである。その人の意識になってものを見る。その人が何を意識してやっているのかをたどることで、その人の視点、その人のワールドに沈潜《ちんせん》する。

自分の中に他者の意識を入れ込むことは「意識の複線化」になる。大勢の人を住まわせることができたら、多様性を受容できる。心の中に占める自己への捉われのウエイトも自然と小さくなる。

自分の好きなものだけに囲まれている状況は心理的には安心できるだろうが、世界を広げていくにはむしろ自分と違うタイプの人やものを受け入れていくことで、より自意識から解放される。

行動様式から変える

行動パターンを様式化することで、意識のありようが変わることもある。

お辞儀に代表される「礼」は、孔子《こうし》が伝えているように、人や場に対する意識、配慮を形にしたもの。一つの型だ。

自意識過剰な人には、まずこの「型」から身につけてもらうことが有効だ。

型の訓練では、形式の習得を先行させる。最初は何のためにお辞儀をしているのかわからなくてもいい。意識は後からついてくる。

孔子は、礼の作法について、「最近は台の上で挨拶をする人がいるけれども、私は古い例に則って下のほうでしかしない」などと言っている。いうまでもなく、孔子の行動の背景には、あなたのことを尊重しています、という意識が働いている。礼儀作法には、一つひとつに意味がある。

型ができていれば、型の背景にある礼の本質がわかるようになってくる。相手が自分の「礼」に対して、「礼」をもって返答してくれることで、コミュニケーションが少しずつうまくいくようになってくる。「これって大切なことなんだ」と気づく。そこに気づけば、意識が自分のことだけに閉じることはない。他者に向かって開かれるようになる。

掃除の効用

掃除《そうじ》をすることも行動様式から自意識を抑えるのに有効だ。

日本電産の永守重信《ながもりしげのぶ》さんにとっては、掃除が一つの型だ。考え方を変えなさいというのでなく、行動をまず変えよ、と言う。掃除をして、整理整頓ができてすっきり片づいたところで仕事をする。「場」への「礼」を尽《つ》くすことで、意識改革を実践することができるという考え方だ。

「汚い水の中ではよい魚は育たないのと同様に、汚い工場からは決して品質のよい製品は生まれない。同様に、雑然としたオフィスでは、スピーディーかつ効率的な事務処理はできない」

「工場がきれいになる、（従業員が）休まずに来るだけで会社は黒字になる。一〇％以上利益を上げている会社の共通点を調べると、当たり前のことを当たり前にやっている」

（『日本電産　永守イズムの挑戦』日経ビジネス人文庫）

型にはめられるのは、社員にとって最初は抵抗《ていこう》のあることだろう。永守さんは積極的にM&A（企業合併・買収）を推し進めてきた経営者だが、とくにM&Aで経営に乗り込まれてきた側の社員からすれば、自分たちは掃除をするためにこの会社にいるわけじゃないと思っても不思議はない。

しかし、永守さんが実際に会社をいくつも建て直してきていることが強い説得力になっている。実際に整理整頓や掃除を徹底してみると、仕事に向かうモチベーションが変わってくることを実感する。だから浸透していく。

日本には、掃除を通して意識を広げていくという伝統が根づいている。寺の小僧さんも、丁稚奉公《でっちぼうこう》も、最初は掃除の仕方を仕込まれた。

教育においても、掃除はかなり重要な時間と位置づけられてきた。欧米では掃除はプロの仕事で、生徒は掃除をしない。西洋型の教育手法を取り入れたときに掃除についても西洋式にすることもできたはずだが、日本はそうはしなかった。自分たちの学ぶ場所だから自分たちできれいにしようと掃除に意識を向けることは、一つの重要な「学び」であると考えられてきたからだ。

最近は『トイレの神様』という歌のヒット効果も相まって、トイレ掃除が脚光を浴びている。

たとえば女子バレーボールの強豪、鹿児島女子高校の部員たちは、学校のトイレ掃除を日課としているだけでなく、試合に行くと試合会場のトイレ掃除までするという。掃除が部の伝統の一つになっているらしい。

ひと昔前には、罰則としてトイレ掃除というのがあったが、そういった「やらされる」掃除ではなく、生徒が自発的、積極的な気持ちで明るく取り組んでいるのがいい。

掃除が生活習慣を変え、その習慣が意識を広げていくことは、このようにさまざまなところで実証されている。

生活環境を変える

人は知らない環境に飛び込むと、自然と意識の量を拡大せざるを得なくなる。

「上京」は、意識量を増やす一大転機だ。親元を離れ、衣食住、日々の生活を自分の手で管理していかなければならなくなると、意識の量がどっと増える。大人になっていく過程では、そういう区切りを迎えることが必要なのだ。

幕末、明治維新以降、江戸・東京という街は若者たちが上京してきて意識のビッグバンを起こす場所だった。

地方から出てきて伝手《つて》をたどって居を定め、あるいは居候《いそうろう》などしながら、新天地で生活を始める。知見を広め、人とつながっていくことは、自分の将来の可能性を広げていくことだった。

昭和の頃の学生にとって貧乏暮らしは当たり前、部屋は三畳とか四畳半一間、トイレは共同、風呂は銭湯《せんとう》に行く、太陽の射し込む部屋は恵まれているほうだった。そんな環境でもいいから東京に出たかった。東京の空気の中で何かを得たかった。

現在は、経済的な理由もあって、日本全体の上京力が落ちている。これは惜しい。リスクは積極的に取りにいくほうがいい。親元から離れて自活することは、安定から切り離され、孤独に耐えていくという大いなるリスクである。

しかし、リスクを取らない人生では意識の量は増えていかない。意識の量がどれだけ増えるかは、どれだけリスクを取ったかによって決まってくる。そしてそれによって、人生の味わいや豊かさが大きく変化してくることに間違いはない。

シミュレーション化する恋愛

若いときの恋愛ほど、意識の量を増やすきっかけはないと思う。

私の友人は、学生時代、付き合っている女の子に、決まって夜一〇時に電話をするためにネタ帳を作ってメモしておくことを毎日欠かさなかった。たった一回の電話をするのにも、ものすごいエネルギーと時間を注いでいた。

思春期の男性が、恋愛に関心をもたなくなってきたという現象がある。性交渉そのものの魅力が減ったというよりは、他人と関わることが煩わしい、意識の量を増やすのが面倒くさいということが原因のようだ。現在の自分の生活を快適にすることだけが大切で、それ以外のことに意識を割くことが面倒くさいという。

恋愛がなぜ意識の量を増やすかと言えば、人と付き合うと、自分だけで自由に使えていた時間が減るからである。こまめに電話をしたり、デートをしたり、プレゼントを選んだり。自分のことを考える時間よりも、相手のことを考える時間が圧倒的に増える。それがいいのだ。

メイド喫茶やキャバクラなど、ゲームのような恋愛もどきがものすごく発達した。それを現実として生きていれば楽だし傷つかないので、「フェイク（もどき）」のほうを選ぶ。だが、それらはやはりフェイクである。

いまや、街を歩く女性のファッションもキャバ嬢《じょう》風が流行するなど、フェイクが現実の社会を覆《おお》い尽くしてしまった感がある。

自分が理解できる範囲のシミュレーションだけで、自分自身の生活習慣、趣味、考え方に異物が侵入してくると、もうノーサンキュー、という世界になっている。もっと自分を根本から変えるような恋愛、人間付き合いをしてほしいと願う。

ふっきる力

夏目漱石は、閉じてノイローゼになっていた状態から突き抜けた瞬間にはじけた。ロンドン留学時代には意識が内側に向いていた。慣れない海外生活を鬱々として楽しめない。神経衰弱《すいじゃく》が昂《こう》じて「夏目狂セリ」といううわさが流れたほどだった。

しかし懊悩《おうのう》のときを突き抜けて、あるところで捉われからふっきれた。

英文学研究などして、イギリスの英文学の先生の言いなりになるのはもうやめよう、自分の考えで自分の文学をやろう、と考える。このときに漱石が「自分の鶴嘴《つるはし》をがちりと鉱脈に掘り当てたような気がした」のは、「自己本位《じこほんい》」という言葉を手にしたからだと語っている。

自己本位というと、自分を閉じて守る方向に行ってしまいそうな気がするが、漱石にとっての自己本位とは固着していくことではなく、自分を解き放つためのキーワードだった。作家として独立することの決意であった。

肌に合わない留学という内向きの時代を突き抜けたから、日本を代表する文豪といわれるようになったのだ。

理不尽だ、非合理だ、不条理だ、不公平だ、そう思うことが世の中にはたくさんある。だが、そういう状況を突き抜けることが、一番意識が広がる。抜けたら風通しがよくなる。視界が開ける。その喜びや快感を味わうためには、回り道だと思いながらもそこを突破していく。

負の感情や失敗、うまくいかなかった経験を、中途半端に温存しないことだ。ふっきっていく。

さっさと忘れてしまうのも手だ。笑い飛ばせるようだとさらにいい。

「ダメならダメで、また次がある」

「命とられるわけじゃなし」

そう考えて、意識を自由に解き放つ。細胞を入れ替えるようなイメージだ。

細胞レベルで自分を変える

アメリカの細胞生物学者が書いた『「思考」のすごい力――心はいかにして細胞をコントロールするか』（ブルース・リプトン著　西尾香苗訳　ＰＨＰ研究所）に、自分の凝り固まった思考こそが、限界を設定してしまう。そこを突破すると、細胞が目覚めてくる、といったことが書かれていた。

信念というものは、カメラのフィルターのようなもので、世界の見え方を変える。そして、生体の機能はそういった信念に適応して変化する。信念がそれほど力をもつことを本当に認識できたならば、そのときこそ、自由への鍵が手に入る。遺伝子という設計図上の暗号は自分では変更できないけれど、心は自分で変えられるのだから。

心がいかにして細胞をコントロールするか。生体全体をコントロールしている知覚の考える部分が、細胞をコントロールして遺伝子のふるまいを変えるのだという。

たとえば、二種類のフィルターが用意されていて、それを通して同じ映像を見る実験をする。バラ色のフィルターを選ぶと、明るい世界を想像し、気分が晴れやかになる。暗い色のフィルターを選ぶと、恐怖が訪れ、発想もネガティブになる。

同じように信念も、フィルターのように自ら変えることができると著者は主張する。バラ色のフィルターを通せば、身体を構成する細胞も活発に活動する。暗いフィルターだと、心もからだも病気になりやすい状態になる。遺伝子細胞も信念によって変えることができるのだそうだ。

意識を上手に用いて、細胞レベルで自分を変えていく、そんなことが不可能ではないのである。

自分のちっぽけな自意識なんて捨ててしまえばいい。使い古されたようなフレーズだが、ぜひ胸に刻んでおいてほしい。

Ⅵ章

「チーム・ジーニアス」の一員になる

1　「チームを組みたい」と思ってもらう人になる

どんな人とチームを組みたいか

最後の章では、チームで仕事をするときに大切なことを、あらためて確認しよう。たとえば、三人で一緒に一つの仕事をすることになったとする。あなたは誰とチームを組みたいだろうか。

ちょっとしたことでいつも怒ってばかりいる人、不平不満ばかりこぼしている人は願い下げだ。優れた技術や特技をもっている人はポイントが高いが、時間感覚がルーズな人や、自分の都合ばかりを優先させる人は困る。仕事というのは限られた時間内で処理していかなければならないので、自己満足のいくところまで延々と取り組めるものではない。期日までにできること、できないことの判断がつかないと、どんなにすごいことを考えていても仕事として成立しない。

私なら、相手に対する好き嫌いの感情ではなく、意識の量をたくさん張り巡らすことのできている人と組みたい。とくに自分以外に二人しか選べないとしたら、阿吽《あうん》の呼吸でこちらの動きを察知して動いてくれる人が助かる。次に何がどう動いて、どこが手薄になるかを察知できる人、あるいはこちらの意識の足りない部分をフォローしてくれる人が望ましい。

仕事のしやすさは、その人の意識の量で決まる。

かつてはこういう人を「勘《かん》働きがいい」と言った。

面接試験では、人事担当者もそういう視点で見ているのだ。チームを組んで即戦力になるか。一緒に働ける相手として察知力、反応力があるか。

自分がどういうことをやりたいかという視点で考えるのでなく、自分だったらどういう人と一緒に仕事をしたいかの視点で捉え直してみる。新卒の就活に限らず、中途採用でも、契約でも、アルバイトでも、フリーランスで仕事を請け負うのでも、みな共通である。

相手に喜んでもらう

ブックデザイナーとしてさまざまな本の装丁を手がけ、そのセンスでつねに高い評価を得ている鈴木成一《すずきせいいち》さんが、『装丁を語る。』（イースト・プレス）でこんなことを語っている。

（装丁家は）編集者から一冊ごとに雇われて、本ができるとそこで解雇される。雇われては解雇される、その繰り返しなんです。

もちろん編集者とは仕事の一環としてかかわるわけですけども、その本が終わればまるで何もなかったかのような関係に戻るんですね。実感としては「なんて冷たい世界なんだろう」と（笑）。

ですから、どうにか次もまたお願いしてくれるように仕向ける、と言いますか、要は編集者にリピーターになってもらおうと思ったんですね。やっぱりお客さんが次も来てくれるっていうのは、すごく嬉しいですし、自分の自信にも繋がるわけですから。一回一回終わる仕事ではあるけれど、次に繋げていきたいなと。

そのためには、一回の仕事で、いかにその編集者の心を掴むかがすべてなんです。読者はその向こう側にいますから、それさえまずできれば、読者にも繋がっていくだろう。そういう気がします。彼らの期待に応える。その関係を壊さない。結局それに尽きますね。

引く手あまたのデザイナーも、その仕事の発注者である編集者の「期待に応える」ことを考え、一回一回が真剣勝負だと思って取り組んで、喜んでもらおう、リピーターになってもらおうと考えて仕事をしている。デザインのようなクリエイティブ・ワークでも自己実現ではない。

いまの社会は、リクエストに応えられないことには次に仕事が来なくなってしまうという点で、組織の中にいてもみんながクライアントをもっているような状況だ。喜んでもらい、リピーターになってもらうことを目指す。そういう意識をもてる人であれば、組織にいても、その組織の外に出ても通用する。

人気ブロガーであり、現在、フリービットで戦略人事部ジェネラルマネージャーを務めている酒井《さかい》穣《じよう》さんは、『「日本で最も人材を育成する会社」のテキスト』（光文社新書）でこう書いている。

人脈とは「誰を知っているか」ではなくて、「誰に知られているか」で決まるものです。自分の知識であれば忘れないように維持・管理しておくことは簡単ですが、人脈は「他者の脳内において自分の占める割合」なのですから、これを維持・管理するということは、必然的に、他者に自分を気にかけてもらうための継続的な努力をするということです。

そのための武器として、酒井さんは明るさと社交性を挙げている。私も同感で、そのためには「上機嫌をワザにせよ」と言い続けている。そのときどきの気分のよしあしにかかわらず、つねに上機嫌なテンションでふるまおう、というものだ。
人脈とは「他者の脳内において自分の占める割合」であるというのも、いいメッセージだ。そういう意識を見失いがちな人に限って、社会に不平たらたらで「閉塞感、閉塞感」と言っている気がする。

仕事人としての信頼を獲得することは、いい人になろうとすることでもないし、自分の満足いく仕事をすることでもない。求められたことがきちんとできて、人に喜んでもらえること、人の脳内に「何かのときに役に立つ」チームの一員としてインプットされるようになることだ。

補い合える関係は強い

酒井穣さんが前掲書の中でこんなことを言っている。

ビジネスの面白さは、周囲に多くの味方をつけられる凡人が、完璧な天才にしばしば勝つことにこそあります。完璧であることよりも、「他人が笑って許してくれる弱点」を持つことで、周囲の皆から愛されることこそ、成功にとってなくてはならない要因と言えそうです。

パーフェクトな人はもちろん素晴らしいが、その人とコンビを組みたくなるかというと疑問だ。

テニスでダブルスを組むときも、自分の苦手なところに強い人と組むとフォローし合える。自分がボレーやスマッシュの得意な攻撃型だったら、拾って拾って拾いまくるような守りに強いタイプと組みたい。同じような能力に長けている人では補い合えない。パーフェクトな人ならいいかと言うと、案外そうではなく、「パーフェクトな人は、どうぞシングルスでご活躍ください」と言いたくなる。コンビの関係が対等でなくなってしまいやすいからだ。

お互いに、得意もあれば苦手もある、くらいのほうがよりコンビネーションがいい。シングルスのナンバーワンプレイヤーが必ずしもダブルスでも最強とは限らないことを見ればわかる。

仕事もそうで、互いの意識の漏れをフォローし合える人がいい。しかも得意分野がちょっと違うと、ここは相手に花をもたせようという感覚になりやすい。そうやって互いのデコボコをうまく埋め合えれば、かなりナイスなコンビになる。

未熟なこと、苦手なことこそ伸びしろだ

チーム全体のことを考えた場合、そこに合わせて自分を変えていく必要も出てくる。変わらないことが安定感につながっていた時代もあったが、いまは、変われないことは意識が不自由だと思われる。精神の可変性《かへん》のない人は、意識の固着状況から何かトラブルを起こす危険性があると見られることもある。

「変わらないね」と言われることが褒《ほ》め言葉のように錯覚《さっかく》されているところがあるが、変わらないというのは融通《ゆうづう》の利かないことにもつながる。

そもそも若さとは、移ろい変わっていくエネルギーだ。小学生や中学生は一年のあいだにものすごい勢いで変わっていく。それに対応できるのは、からだも心も可変性が高く柔軟だから。変われることはある種の若さの証明だ。

経験知自体が少ないのにもかかわらず、先入見で「できない」と考えてしまうのは、若いのに心身が老化している状態。一方、ある程度経験知を積んだことで、すべてを経験則で捉え、そこに固執してしまうのもよくない。

経験知が多いけれども、そこに安住しないで、いろいろなことをさらに吸収しようとする人、あるいは自分のあり方を絶えず修正しようと考えることのできる人は、さらなる高みを目指せる。つねに自分はまだまだ未熟という気持ちをもてるということは、まだ今後の伸びしろが大きいということになる。

そう考えれば、苦手なことに取り組むにも希望が湧く。

音楽でもスポーツでも語学でも、センスがよくてすっとできてしまう人は感覚に頼ってしまう部分があるので、案外、大きく伸びにくいことがある。むしろ、うまくできないと悩みながらやる人は、そのために工夫や努力をするので、結果的に大きく伸びたりする。

回り道をしているように思えることも、意識の拡大のいいトレーニングになったと思えばいい。だから回り道を惜しまないことだ。

スポーツで、選手の意識を変えるために監督やコーチがコンバートさせることがある。ポジションチェンジにくさってしまうような選手はダメだ。自分の得意ではないこともやらされたことでユーティリティプレイヤー（複数のポジションをこなせる選手）になっていくような選手は、コンバートも儲《もう》けもの、自分を思いがけないほうに広げていくチャンスにできるということだ。

私の知り合いの中国人のマッサージ師の女の子は、日本語がまったくうまくないのだが、一生懸命話しかけてくる。聞けば、「よくしゃべる、よく間違える、よく笑う」という三原則で生きているという。

いま、日本の若い人たちは失敗することをとても嫌がる。怖がると言ったほうがいいかもしれない。リスクを伴うことに挑戦するのも嫌いだ。

「よくしゃべる、よく間違える、よく笑う」というのは、「よくトライし、よく失敗し、どんどんふっきる」と言い換えることができる。そういう精神でぶつかっていく人には、閉塞感の壁はない。

2　意識量をアップさせるリーダー

きっかけは日常のささやかなこと

最後に、個人の意識量を高める、企業やリーダーの側からのモチベーションアップの試みを紹介しておこう。

高度成長期の終身雇用制度が堅固《けんご》であったシステムがだんだんと通用しなくなり、企業と個人の関係性も変わってきた。実力主義や、評価制度の導入など、さまざまな企業が、社員・従業員の能率を上げるために、独自の取り組みをしている。それらは社員の意識量を上げるための工夫なのである。

「てっぺん」という居酒屋チェーンがある。ここの「朝礼」が有名で、マスコミに取り上げられたり、公開見学なども行っている。「朝礼の鑑《かがみ》」を実践しているお店だ。

てっぺんの朝礼は、毎日開店前の夕方に行われる。まず、スタッフ全員が大声でそれぞれスピーチをする。その内容は、自分の掲げている夢やいま感じている感謝の気持ちについてだ。それから全員で挨拶の練習。さらに大声でハイテンションのかけ声をかけて気合いを入れて、その日の営業がスタートする。

てっぺんの社長、大嶋啓介《おおしまけいすけ》さんは、従業員と店を訪れるお客さんとが、夢を一緒に語り合える空間を作ることが目標だと言う。

従業員たちには、夢を達成させるにはいつまでにかなえると具体的な日付を設定することだと言って、日付入りの夢をもつことを奨励しているという。

体育会系の部活のようなノリなのだが、意識的にテンションを高め、からだをポジティブな構えにしてしまうことは、サービス業に求められるものとけっこう親和性が高い。

二〇一〇年、春夏連覇《れんぱ》を成し遂げた沖縄興南《こうなん》高校野球部の監督、我喜屋《がきや》優《まさる》さんの指導方針は、日々の生活からきちんとする、というものだ。

「早寝早起き、朝の散歩、ゴミ拾い、それから1分間スピーチ。本当だよ。そういう小さなことができる人間は野球もできるし、大きなこともできるんだよ」

（『ナンバー』７７３　二〇一一年三月一〇日号　文藝春秋）

こうしたことを徹底させているうちに、緊張感の乏しかった部員たちの言動に変化が出てきた。意識が高まった。我喜屋監督自身は、特別なことはしていない、ただ「寝てるもん、ほじくり出しただけだよ」だと言っている。

清宮克幸さんは、早稲田大学時代にキャプテンになると、ラグビー部員の意識を変えることが大事だと、ＯＢから寄付金を集めてウエイトトレーニングルームをつくった。また、それまでの寮の空気を一新するために、食堂のテーブルと椅子、食器類を全部買い替えたという。からだの大きいチームをつくるにはこんな小さな丼《どんぶり》で飯を食っていてはダメだと、丼も大きなものに替えたそうだ（前出『選手の心を動かす監督の言葉』ぴあ）。

「がんばれ」とか「しっかりやれ」と言うよりも効果的な方法が、生活習慣や環境を改めるところにある。みな、日常的なからだの構えから変えている。

ある企業の部長職を務めている私の友人は、毎朝、始業時間の一時間半から二時間前ぐらいに出社して、連絡事項や決済《けっさい》処理などを終わらせるのを日課にしている。九時の始業前に部下に出すべき指示を全部終えて、たまっていた決済書類も処理しておくことが、その日の仕事をスムーズにまわしていくコツだそうだ。部下には早く出勤するように要請したことは一度もないというが、上司が朝早く来て事務処理をしているのをみんな知っているので、自然に早く出社する人が増えたと言っていた。

他にも、たとえば食べ物を変える、読む本の種類を変える、付き合う人を変えるといった状況変化で意識を変えていくことが可能だ。

そのことのレベルアップが図れるということ以上に、その人間の物事に取り組む意識、目標に立ち向かう意欲など、セルフマネージメント力がつく。

「いま、何を意識してやっているのか？」

意識の量を増やすことをつねに意識化しておくためには、「いま、何を意識してやっているのか？」の問いにさっと答えられるかどうかを四六時中考えていることだ。

「会議資料をまとめています」といった答えしかできない人は意識が曖昧。質問に的確に答えていない。その資料をまとめるにあたって「何を」意識しているか、絶えずそこをピンポイントに答えられるようになることを目指そう。

テレビ東京の『カンブリア宮殿』という番組で、医療用針《はり》をつくっている栃木県宇《う》都宮《つのみや》市のマニーという会社が紹介されていた。手術針の国内シェアが九割を占めるという会社だ。

この会社には「世界一か否《いな》か会議」というのがあるそうだ。自分がいまつくっている製品が世界一といえる水準かどうかを、担当者はさまざまなデータと比べ合わせながらプレゼンしていく。この会議で世界一と見なされないと、製品としてラインに乗せてもらえないのだそうだ。つまり、世に出している製品はすべて世界一だと自負できるものばかり。

世界一をそんなにつくり出すのは大変なのではないかと普通は思うが、そこの社長は、専門分野において「このことについてこんなに考えている人は他にはいないぞというくらい徹底して考えているのは、世界に数人くらいしかいない。その中で一番になればいいいんだからそんなに特別なことではない」といったことを話していた。

つねに「これは世界一か否か」を意識している。これはものすごく意識が鮮明だ。しかも解は時々刻々変わる。だが、つねに世界一を目指すためにどこに一番気をつけなくてはいけないかは明確で、ブレることはない。

社員一人ひとりがそうやって柔軟に解を変えていける力が、いま本当に求められている。

フロー体験とジーニアスなチーム

たとえばバスケットボールを見ていて、「すごくチームがノッている」ことが伝わってくるときがある。シュートがバンバン決まり、パス回しも見事。観客もみな熱狂する。

サッカーを見ていても、ときどきそんなことがある。

チームにそんないいコラボレーションの波が起きる状態を、『凡才の集団は孤高の天才に勝る――「グループ・ジーニアス」が生み出すものすごいアイデア』（キース・ソーヤー著　金子宣子訳　ダイヤモンド社）という本では、「フロー体験」と呼んでいる。

意識が高揚した際に起こる特定の状態を「フロー」という概念で表現し、フロー状態に入ると、全能感があり、自意識が消え、時間が経つのも忘れるほど仕事に没入する、と説明している。

フロー状態においては、とくに一人の個がずば抜けていい働きをするというのではなく、一人のひらめきやきらめきがどんどんチームのメンバーに伝わって、細胞増殖のように各人の意識の流れがつながっていくような状態にあるという。そして、その即興的コラボレーションを「グループ・フロー」と称《しょう》している。

私は一人の人間がこうした感覚に入ることを「ゾーン感覚」「ゾーンに入る」などと言ってきたが、集団にいい流れが伝播《でんぱ》していくことを表現する意味では、たしかに「フロー」と呼ぶほうが自然だ。

「グループ・フロー」は、全員が同調しているだけでなく、個々の力量がうまいバランスで均衡を保つ中で起こる。要するに、ゆるい環境でなく高いテンションで切磋琢磨《せっさたくま》しあう中で起きるのだ。

この「グループ・フロー」という発想は、これからの組織でより求められていくようになる感覚だと思う。チームがフロー状態になる環境を頻繁につくり出せるのが、実績を上げる企業であり、みんなが働きたい企業ということになる。

グループ・フローを生み出す一〇の条件が挙げられている。
①適切な目標
②深い傾聴
③完全な集中
④自主性
⑤エゴの融合
⑥全員が同等
⑦適度な親密さ
⑧不断のコミュニケーション
⑨先へ先へと進める
⑩失敗のリスク
これらは組織をよい方向に導く要素でもあるが、同時に企業が人材に求める資質と

もオーバーラップしてくる。

天才たるよりもグループ・ジーニアスのよき一員たれ！

一体感があり、しかもそこから創造的なアイディアがどんどん出てくる組織について、『「いっしょに働きたくなる人」の育て方』（見舘好隆《みたてよしたか》、プレジデント社）にたくさんの例が書かれていて、たいへん参考になった。

その中で特にユニークだと思ったのが、コールド・ストーン・クリーマリー・ジャパンというアメリカ生まれのアイスクリームショップ。

その名のとおり、冷やした石の上で、アイスクリームとトッピングを混ぜ合わせて提供する店だ。お客さんのオーダーを聞いてアイスクリームを用意してくれるその混ぜ合わせの際に、歌ったり踊ったりのパフォーマンスを交《まじ》える。華麗なハンド・パフォーマンスでニューヨーカーたちを熱狂させた、鉄板焼きの「ベニハナ」のアイスクリーム版といったところだろうか。

この会社はアルバイトの採用をする際、寸劇《すんげき》を中心としたグループ・ワークを行っているそうだ。採用募集に集まった初対面の人たちに、寸劇のパフォーマンスをやらせる。するとアルバイト同士、一気に仲良くなるという。

これはよくわかる。学生たちに、演劇をやるといってグループで稽古をやったことがあったのだが、部活を一緒にやった仲間のような結束ができ、卒業式はみんな大泣きだった。卒業してからも、よく集まっている。演劇には、人との関わりを濃くする効果がある。

コールド・ストーンの採用の選考ポイントは、「リーダーシップがあるか」「積極的に参加し、仲間のいいところを引き出しているか」「チームプレイができるか」の三点。はっきり基準が示されているあたりが、採用する側にとっても、される側にとっても、非常に意識量が高くなるポイントである。この会社は「グループ・フロー」を起こしやすい組織かもしれない。

マルセイバターサンドで有名な、北海道帯広市の六花亭《ろっかてい》というお菓子メーカーは、モチベーション・アップのための報奨《ほうしょう》制度がおもしろい。

たとえば、正社員、パート・アルバイトの別なく、すべての従業員に「一人一日一情報」の権利がある。その日のできごとでもいい、仕事の提案でもいい、お客さんからの意見でもいい、書いて提出すると、それが一年三六五日毎日出されている社内の日刊新聞に掲載される。いい意見は、実際に検討課題にされる。

最優秀社員賞とか、MVP職場賞、最優秀新人賞、「ザ・晴れ晴れ」など、表彰《ひょうしょう》制度がいろいろある。「今月の人」に推薦《すいせん》されると、社内厚生施設に招待《しょうたい》され、ひのき風呂にゆっくりとつかった後、役員からもてなされての祝宴《しゅくえん》があるという。

従業員が働くことに対してプライドをもてるか、やる気が引き出されるか、可能性が開かれているか、そういうしかけが豊富な組織は、フロー体験の味わいやすい組織だ。

モチベーション・アップの装置

前出の『成井豊のワークショップ　感情解放のためのレッスン』にこんな記述がある。

テンションとは人が心の中で感じている気持ちのエネルギー量であり、パワーとは人が外に出す声や表情や動作のエネルギー量なのだ。

もともとテンションとは「緊張」という意味だ。日本ではそれを「やる気」や「元気」のように表現しているが、「人が心の中で感じている気持ちのエネルギー量」だと捉えれば、まさに「意識の量」だと言えそうだ。気持ちのエネルギー量が少ないとパワーは当然出ない。

意識の量が増えるような環境に身を置くことが、何よりモチベーションをアップさせる。

ノーベル化学賞を受賞された根岸英一《ねぎしえいいち》さんが、「若者よ、海外に出よ」と提唱されたのも、一定期間、日本を外側から見る体験をし、刺激を受けつづける環境で切磋琢磨していくことで取り組み方が変わるよというメッセージだと思う。

モチベーターとは、本来は心理学などの手法を用いて人にやる気を起こさせる技術をもっている人のことを言うが、先に挙げたように、意識を高めることができるリーダーや監督がいると、その組織は活性化する。

二〇〇九年、WBC・ベースボール世界大会で見事優勝を果たしたチームを率いた原辰徳《はらたつのり》監督は、代表選手を選出するにあたり、スタメンからではなく控《ひか》え選手（サブメンバー）から先に選んだと言う。

「サブのメンバーはつらいポジションだ。いつ出られるかも分からない中で準備をしていかなきゃいけない。もちろん能力も必要だが、控えに回っても主力とともに、『世界一に貢献するんだ』という意志を持っていることが重要なんだ」

（『原辰徳　走り続ける情熱』義田貴士　学研教育出版）

どんなサブメンバーを選んだら、スタメンの選手たちが奮起《ふんき》するか。技術面で最高のメンバーを選出するだけでは十分ではない。サブメンバーこそがチームの統一感を生む要《かなめ》だと、原さんはよく理解していたという。全体の雰囲気、テンションを上げるチーム作りが、世界一という結果を生んだ。

これは何も指導者に限らない。

体操の内村航平選手が着地に強い意識を示しているのを見て、世界選手権のとき、日本のチーム全体が触発されて全員の着地への意識が非常に高まった。彼の意識がチームに伝播したそうだ。

いまのサッカー日本代表でいえば、長友佑都《ながともゆうと》、本田圭佑《ほんだけいすけ》といった選手にはやはりまわりにテンションの熱さを伝えていく力がある。


天才的な活躍ができる人は世の中にほんの一握りしかいない。だが、ごく普通であるけれど、社会の中でジーニアスな働きができる人はたくさんいる。

天才になろうとする必要はない。意識の量を増やして、「チーム・ジーニアス」の一員になれることを目指すことだ。

あとがき

「意識の量を増やせ！」というフレーズは、この本のタイトルのために考えたものではない。普段、大学の授業や企業の研修セミナーの際に、私が口癖《くちぐせ》のように言っているマイ標語だ。

このフレーズは、思いのほか評判がいい。

授業の感想を読むと、「意識の量が足りないからうまくいかないとわかったら、増やせばいいんだと気づきむしろ気が楽になった」「まわりのできる人を思い出すと、みなたしかに意識の量が多いと思った。私も意識の量を増やします！」といったものが多い。「意識の量を増やせ」を自然と自分の標語にしてくれている。

大学生にも評判のいいこのフレーズだが、社会人の場合は、いっそう深く入るようだ。

「意識の量が足りなかったからうまくいかなかった、というケースを思い出してください」とか「意識の量がかつてより増えたからうまくいったというケースがありますか?」と問いかけをすると、社会人の方は経験が豊富なので、みな思い当たり、「あぁ、たしかに意識の量が問題だったんだな」と納得してもらえる。

じつは、こうしてケースを思い出し、納得した時点で、すでに意識の量は増えている。「増やそう」と思ってトレーニングするだけではなく、「これも意識量の問題だな」と気づくだけで、量が増す。

ポイントは、「量」ということだ。量なら、簡単に増やすことができる。

「質以前に、まずは量!」これは、私の上達論でも基本とすることだ。「意識の質を高めろ!」「意識を鋭くしろ!」と言われても、具体的にどうしたらよいのか、ちょっとわからない。だから、自分の標語にはなりにくい。

一方、質はもちろん大切だが、「まず量だ」と思うことで気が楽になり、チャレンジする気になれる。

「量」なら、いますぐにでもなんとかなる。

たとえば、ちょっと首を動かすだけで、いままで気にしていなかった人の表情が目に入り、意識量は増える。いつもの習慣をちょっと変えるだけでも、気づきがあり、意識は増える。

意識の量の「一割大盛り」を目指して増やしていけば、今度はそれが並盛りになる。

「意識」は、あまりにも当たり前の言葉なので、これまでむしろ機能してこなかった。目に見えないこともあり、曖昧な概念のまま捉えられていたこともある。しかし、意識を量として捉える観点をもつことで、自分にとって、意識が手に取って測ることのできそうなリアルなものに感じられるようになる。

これが意識のおもしろいところであり、おトクなところだ。

事態がこんがらがったり、深刻になったら、それを「心の問題」として捉えるのではなく、「意識の問題」として捉えてみよう。「それはそれ、これはこれ」と整理し、意識を複線化することで、心の比重は軽くなる。

心は天気のようなもので、変化する。しかし、意識は「ワザ」だ。意識量を増やしてきた人は、急に意識量が減ることはない。意識量という安定したワザを身につけることで、心の問題の分量を減らしていくことができる。

この本を読んで、ぜひ気楽になってほしい。課題をシンプルにすることが、心の援軍《えんぐん》になってくれると思う。

この本が形になるにあたっては、阿部久美子さん、光文社の古谷俊勝さん、山川江美さんに貴重なご助力をいただいた。御三人の経験値と助言によって、マイ標語を世に出すことができてうれしい。ありがとうございました。

齋藤　孝

二〇一一年五月

編集協力／阿部久美子

齋藤孝（さいとうたかし）
1960年静岡県生まれ。東京大学法学部卒業。同大学院教育学研究科博士課程等を経て、現在、明治大学文学部教授。専門は教育学、身体論、コミュニケーション論。著書に『座右のゲーテ』『座右の諭吉』『座右のニーチェ』（以上、光文社新書）、『ブレない生き方』（光文社知恵の森文庫）、『声に出して読みたい日本語』（草思社文庫）、『三色ボールペンで読む日本語』（角川文庫）、『読書力』『教育力』（以上、岩波新書）、訳書に『現代語訳　論語』『現代語訳　学問のすすめ』（以上、ちくま新書）など多数。

「意識《いしき》の量《りょう》」を増《ふ》やせ！

2011年6月20日初版1刷発行

著　者 ── 齋藤孝
発行者 ── 古谷俊勝
装　幀 ── アラン・チャン
印刷所 ── 萩原印刷
製本所 ── ナショナル製本
発行所 ── 株式会社光文社
東京都文京区音羽1-16-6（〒112-8011）
http://www.kobunsha.com/
電　話 ── 編集部03(5395)8289　書籍販売部03(5395)8113
業務部03(5395)8125
メール ── sinsyo@kobunsha.com

ISBN 978-4-334-03625-6

502
サービスはホテルに学べ
富田昭次

あらゆるサービス業の頂点といえるホテルの現場。お客の快適さを追求する驚きの工夫を第一線のホテルマンに取材。仕事をするすべての現代人に役立つ「サービスの極意」を探る。

978-4-334-03605-8

503
「だましだまし生きる」のも悪くない
香山リカ
取材・構成　鈴木利宗

「逃げ場」になるものを、人は持つべきだと思います――。幼少時代、受験失敗、仕事、「香山リカ誕生秘話」、恋愛・結婚、老い・別れまで、いま初めて語られる、知られざる半生。

978-4-334-03606-5

504
日本代表の冒険　南アフリカからブラジルへ
宇都宮徹壱

日本代表は南アフリカでいかにベスト16進出を勝ち取ったのか？　新生日本代表は、どういう思想でブラジルW杯を目指すのか？　〝冒険〟の終わりと始まりを克明に再現。

978-4-334-03607-2

505
犬は「しつけ」でバカになる
動物行動学・認知科学から考える
堀明

どんなにしつけても、ウチのイヌはなぜあたりかまわず吠えるのか、なぜ他のイヌとうまく付き合えないのか――イヌの問題行動の原因を動物行動学や認知科学の観点から解明する。

978-4-334-03608-9

506
体験ルポ　アメリカ問題児再生教室
殺人未遂、麻薬、性的虐待、崩壊家庭
林壮一

「ぼくは先生を殺そうとした」――公立小学校で手に負えないと判断された問題児童を再生させる特別学級の内実と、アメリカ社会の病理を、同学級の教師を務めた著者がルポ。

978-4-334-03609-6

507
社会主義の誤解を解く
薬師院仁志

社会主義は、共産主義でも、マルクス主義でも、過去の遺物でもなく、今なお健在な思想である。本書では、社会主義に対する誤解を解き、一から正しい理解に導く。

978-4-334-03610-2

508
平成幸福論ノート
変容する社会と「安定志向の罠」
田中理恵子

日本の「ガラパゴス化」や、「孤独死」に代表される個人の孤立等は、奇妙な相似形を描いている――。その背景をミクロとマクロの視点から探り、来る時代の「幸福」を探る。

978-4-334-03611-9

509
ふらり　京都の春
柏井壽

やはり、京都のベストシーズンは春。暖かな一日、桜の名所を巡りながら花見弁当、春の和菓子。夜は一献。身も心も桜色に染まる特別な旅は、すぐここにある。シリーズ完結編。

978-4-334-03613-3

510
ウィキリークス以後の日本
自由報道協会(仮)とメディア革命
上杉隆

日本のマスメディアが「暴露サイト」と報じるウィキリークスの本質とは？　また、ウィキリークス以後の世界で何が起ころうとしているのか？　著者の新たな活動を含めて解説。

978-4-334-03614-0

511
落語評論はなぜ役に立たないのか
広瀬和生

「昭和の名人」の時代から現在の〝落語ブーム〟までの歴史を追い、落語の本質とエンターテインメントにおける評論の役割を考察。今最も勢いのある著者による落語愛溢れる一冊。

978-4-334-03615-7

512
学校で教えてくれない
「分かりやすい説明」のルール
木暮太一

分かりやすい説明に必要なものは、話術でも文章力でもプレゼンスキルでもない！『落ちこぼれでもわかる経済学』シリーズで人気の著者が到達した「分かりやすさ」の本質。

978-4-334-03616-4

513
江戸の卵は1個400円！
モノの値段で知る江戸の暮らし
丸田勲

高級茶漬け19万円、花魁との床入り500万円、将軍の小遣い19億2000万円——!? ドラマや小説でおなじみの江戸庶民の暮らしも、「円」に直すといっそうよく味わえる！

978-4-334-03617-1

514
子どもの「10歳の壁」とは何か？
乗りこえるための発達心理学
渡辺弥生

「10歳の壁」の根拠を発達心理学の視点から検証。焦らされる子育てに警鐘を鳴らしつつ、この年頃に起こる大きな変化を解説。壁を「飛躍の時」に変える見守りのポイントを紹介する。

978-4-334-03618-8

515
ニッポンの書評
豊﨑由美

いい書評とダメな書評の違いは？ 書評の役割、成り立ちとは？ 「メッタ斬り！」でおなじみのトヨザキ社長による、一億総書評家時代の必読書！ 大澤聡氏との書評対談を収録。

978-4-334-03619-5

516
新書で名著をモノにする『プロテスタンティズムの倫理と資本主義の精神』
牧野雅彦

社会学を代表する名著を、書かれた動機や時代背景、ウェーバーに影響を与えた思想家などの基礎知識を解説しながら、初心者でも理解できるように丁寧に導いてくれる一冊。

978-4-334-03620-1

517
スピーチの奥義
寺澤芳男

スピーチの出来・不出来は長さとテーマの数に反比例する！　参院議員、野村證券副社長、経企庁長官、MIGA長官…日本で唯一、政財官&世界で活躍した著者が「心を摑む技」を伝授。

978-4-334-03612-6

518
検証　東日本大震災の流言・デマ
荻上チキ

流言やデマはどのように生まれ、どのように広がるのか？　また、真偽を確認するにはどうすればいいのか？　そのメカニズムを解説し、ダマされない・広めないノウハウを伝授。

978-4-334-03621-8

519
脳《ブレイン》バンク　精神疾患の謎を解くために
加藤忠史&ブレインバンク委員会 編

統合失調症、うつ病、双極性障害、依存症を根本から治すには？　精神疾患における最先端の研究事例を紹介し、乗り越えるべき最後の壁――脳を直接調べることの必要性を解く。

978-4-334-03622-5

520
旨い定食　途中下車
今 柊二

鉄道にぼんやり乗って、別の街にご飯を食べに行く。そんな一瞬一瞬こそ、人生で最高の幸せだ。食べて感謝、心遣いに感謝。「定食マエストロ」による「定食×鉄道」痛快エッセイ。

978-4-334-03623-2

521
風評被害　そのメカニズムを考える
関谷直也

'54年の第五福龍丸被爆事件に始まる日本の風評被害。何が原因なのか、どういう具合に広がっていくのか、どうすれば収まるのか。東日本大震災のケースも含めて、多角的に論じる。

978-4-334-03624-9

522
「意識の量」を増やせ!
齋藤孝

悩む前に、意識を増やしてまわりに向けてみよう。「ここがダメだったんだ」と気づくはず。生きていくための「社会力」「仕事力」を身につける意識増量トレーニングを紹介。

978-4-334-03625-6

523
孫正義 リーダーのための意思決定の極意
ソフトバンクアカデミア特別講義

経営の現場で実際にあった状況を元にした三〇の質問に答え、孫正義氏のリーダーとしての意思決定プロセスを学ぶ。また、意思決定の背後にある「孫の二乗の兵法」も孫氏自ら解説。

978-4-334-03626-3

524
出世するなら会社法
佐藤孝幸

役員報酬の決まり方、敵対的買収の防衛策、倒産後の手続きなど、話題のテーマは全て会社法に関係する。条文暗記は不要、これ一冊で要点がつかめ、デキる人たちへの仲間入り!

978-4-334-03627-0

525
1秒もムダに生きない
時間の上手な使い方
岩田健太郎

なぜ岩田先生は、超多忙でもテンパらないのですか??――注目の医師が教える「本当の意味で時間を上手に使うための考え方」とは。限りある時間を削り取り、慈しみながら生きるコツ。

978-4-334-03628-7

526
政治学
新書で大学の教養科目をモノにする
浅羽通明

かつての公務員試験対策の名テキストが、新書で復活! 〃流れ〃で学べる構成で、理解のキモとなる要点をコンパクトに整理。これ一冊で一般教養レベルの知識が身につく!

978-4-334-03629-4